PROJETO
A IMAGEM DO SOM

VOLUME VI · 2005

A IMAGEM DO SOM DE
DORIVAL CAYMMI

Adão Iturrusgarai
Afonso Tostes
Alessandra Migani
Alex Cerveny
Alexandre Sant'Anna
Ana Laet
Ana Soter
Andrucha Waddington
Anna Letycia
Antonio Bernardo
Antonio Henrique Amaral
Antonio Manuel
Arnaldo Antunes
Arthur Luiz Piza
Axel Sande
Brígida Baltar
Carlito Carvalhosa
Cesar G. Villela
Chico Bicalho
Chico Cunha
Cristina Portella
Cristina Salgado
Daniel Klajmic
Demóstenes Vargas
Dora Longo Bahia
Eliane Duarte
Elizabeth Tognato
Enrica Bernardelli
Ernesto Neto
Franz Manata
Gabriel Zellmeister
Gianguido Bonfanti
Gringo Cardia
Guilherme Zamoner
Guita Charifker
Guto Lacaz
Guto Nóbrega
Iole de Freitas
Iran do Espírito Santo
J. Borges
J.R. Duran
Jair de Souza
João Modé
Jorge Fonseca
José Resende
Lan
Lena Bergstein
Lucia Koch
Luiz Aquila
Luiz Braga
Luiz Ernesto
Luiz Stein
Marcello Grassmann
Marcos Bonisson
Marcos Cardoso
Maria Bonomi
Maria do Carmo Secco
Mario Bag
Mario Cravo Jr
Mauricio Ruiz
Michel Groisman
Nelson Felix
Paulo Marcos
Rafael Garcia
Rafael Jacinto
Rafic Farah
Regina Silveira
Regina Vater
Renato Alarcão
Rodrigo Lopes
Ronald Kapaz
Rosa Magalhães
Sergio Liuzzi
Speto
Tiago Santana
Tuca Reinés
Vânia Mignone
Walter Carvalho
Zeca Fonseca
Ziraldo

A IMAGEM DO SOM DE DORIVAL CAYMMI

80 composições de Dorival Caymmi interpretadas por 80 artistas contemporâneos

concepção e curadoria
Felipe Taborda

patrocínio

PETROBRAS

apoio    um evento cultural

Em sua sexta edição, o projeto *A Imagem do Som* homenageia a música de Dorival Caymmi, imortal criador de uma obra que celebra a beleza e a vida brasileira. Internacionalmente conhecido por seus temas sobre o mar, pescadores, baianas, morenas e outras preciosidades e mitos do universo da Bahia. É um prazer deixar-se envolver neste infinito cenário de maravilhas naturais que suas composições oferecem, tanto em imagens quanto em melodias. Caymmi é a verdadeira tradução da natureza. Esta edição homenageia também o talento de Antonio Almeida, Carlos Guinle, Danilo Caymmi, Dudu Falcão, Fernando Lobo, Hugo Lima, Jorge Amado e Manuel Bandeira, parceiros de Caymmi em algumas das composições selecionadas para este projeto.

Como nas edições anteriores, 80 artistas visuais contemporâneos de diferentes áreas de atuação desenvolveram livremente suas criações para as 80 músicas, escolhidas por sorteio para cada um. A força da beleza das composições de Caymmi certamente contagiou os artistas, que apresentaram um resultado de surpreendente criatividade. E este resultado está a mostra nas páginas deste livro, na exposição e no site, que mais uma vez contam com o patrocínio exclusivo da Petrobras, e o apoio de Furnas, jornal O Globo, Paço Imperial e Editora Globo.

Agradeço à família Caymmi por seu entusiasmo e colaboração na realização deste projeto. E, mais uma vez, aos 80 artistas participantes por sua contribuição à cultura de nosso país.

Felipe Taborda

Dorival Caymmi, mestre absoluto, é um desses raros artistas que, com uma obra contida, conseguem espaço definitivo na memória de um país, a ponto de se tornarem reflexos nítidos de todos e de cada um de seus contemporâneos. Somadas todas as suas canções, o número não chega à centena e meia. O mais marcante, e que dá a exata dimensão de sua grandiosidade, é que mais de metade se tornaram clássicos absolutos na música popular brasileira. Por trás da aparente e enganosa simplicidade de seus temas se esconde um rigor de ferro, uma exigência cumprida nos mínimos detalhes com a precisão de um joalheiro.

Apoiar a realização desta nova edição do projeto *A Imagem do Som*, agora dedicada a Dorival Caymmi, é parte do compromisso prioritário da Petrobras: contribuir para o desenvolvimento do país. Um país que não respeita seus artistas dificilmente será uma Nação desenvolvida. E, quando falamos de artistas brasileiros, estamos todos homenageando um de seus ícones principais: um baiano dengoso, capaz de criar maravilhas, chamado Dorival Caymmi.

Petrobras

Cronologia de Dorival Caymmi

1914
Nasce Dorival Caymmi, em 30 de abril de 1914. É o quarto filho de Aurelina Cândida Soares e Durval Caymmi.

1918
A irmã caçula de Dorival, Dinahir, nasce em 5 de abril, se juntando a ele, a Deraldo (5 de novembro de 1912) e a Dinah (6 de agosto de 1916). Deraldo e Dorival iniciam os estudos, "com Adalgisa, uma parente de Durval, numa escola improvisada em casa" (segundo o relato da neta, Stella Caymmi, autora da biografia *Dorival Caymmi, O Mar e o Tempo*).

1925
A família Caymmi se muda para a Ladeira do Carmo, próximo ao Pelourinho. Dorival vai estudar no Colégio Olímpio Cruz. O interesse pela música que se manifestara cedo – aos 4 anos, ele encantara-se com *Elégie*, de Jules Massenet, que ouviu no gramofone de vizinhos – confirma-se. Passa a pegar o violão do pai para aprender as canções da época.

1927
Dona Aurelina separa-se de Durval Caymmi, que continua com a guarda dos filhos. O adolescente Dorival, que além da música já se interessava por cinema, apaixona-se pelo jornalismo ao conhecer o ambiente da redação de O Imparcial. Lá, ajuda tanto na distribuição e quanto na revisão dos textos.

1931
A família Caymmi muda-se para o bairro do Barbalho, em Salvador. Dorival descobre a praia de Itapoã, que, em seus períodos de folga, vira seu paraíso e fonte de inspiração.

1932
Assiste ao show que Carmen Miranda faz no Cinema Jandaia, em Salvador.

1935
Ganha seu primeiro cachê, apresentando-se na Rádio Sociedade de Salvador como violonista do conjunto Três e Meio, que formou ao lado de Deraldo e dos irmãos Zezinho e Luiz. Antes, sem cachê, cantara nas rádios Clube da Bahia, Comercial e Sociedade. Serve o Exército.

1936
Passa em segundo lugar no concurso para escrivão de coletoria de impostos na cidade de Irecê, no interior baiano. Em outro concurso, de sambas e marchas de carnaval promovido pelo O Imparcial, ganha o primeiro lugar com *A Bahia Também Dá*.

1937
Compõe *Itapoã*, o primeiro clássico na série de suas canções praieiras.

1938
Embarca, no dia 1ª de abril, para o Rio de Janeiro, no navio Itapé. Na capital, começa a circular no meio artístico, freqüenta as rádios. Canta *Noite de Temporal* no programa Clube de Fantasmas, de Lamartine Babo, na Rádio Nacional. Em junho, é contratado pela Rádio Tupy, depois de fazer um teste no qual mostrou a Assis Chateaubriand outro clássico praieiro, *Promessa de Pescador*. Em agosto, aceita oferta para se transferir para a Rádio Transmissora. É levado por Almirante a Carmen Miranda, que inclui no filme *Banana da Terra* o samba *O Que é Que a Baiana Tem?* Em novembro, nova troca de emissora, assina com a Rádio Nacional.

1939
Em abril, é convidado a se juntar ao elenco da Rádio Mayrink Veiga, a mais importante do período. Antes de embarcar para os EUA, em maio, Carmen Miranda grava mais um samba de Caymmi, *Roda Pião*. É contratado pela gravadora Odeon (atual EMI). Em espetáculo beneficente no Theatro Municipal do Rio de Janeiro, apresenta as canções *O Mar* e *O Que é Que a Baiana Tem?* Em setembro lança seu primeiro disco solo, um 78 rotações com *Rainha do Mar* e *O Que é Que a Baiana Tem?*

1940
Casa-se no dia 30 de abril com a cantora Stella Maris (Adelaide Tostes), que conhecera um ano antes. Em maio, volta à Rádio Nacional. O grupo Bando da Lua, que viajara com Carmen Miranda aos EUA, passa pelo Brasil e grava *O Samba da Minha Terra*. Carmen também de passagem pelo Brasil, lança outro clássico de Caymmi, *O Dengo Que a Nega Tem*.

1941
Nasce, em 29 de abril, a primeira filha do casal, Dinahir, que, a partir dos anos 60, se consagraria como a cantora Nana Caymmi. Lança pela gravadora Columbia *A Jangada Voltou Só* e *É Doce Morrer no Mar*, esta, uma parceria com o amigo e conterrâneo Jorge Amado. Outros dois sucessos seriam lançados este ano, em gravações do conjunto Os Anjos do Inferno, *Requebre Que Eu Dou Um Doce* e *Você Já Foi à Bahia?*

1942
Os Anjos do Inferno lançam mais dois sucessos, *Vatapá* e *Rosa Morena*. Em junho, é um dos sócios fundadores da União Brasileira de Compositores (UBC), sociedade autoral que incluía, entre outros, Mário Lago, Ary Barroso, Braguinha e Lamartine Babo.

1943
Em 26 de agosto, nasce o segundo filho, Dorival Tostes Caymmi, o compositor, violonista e arranjador Dori Caymmi. A pedido de Chateubriand, grava *Acalanto* com Stella, que seria usado como tema de encerramento das emissoras de rádio do empresário.

1944
Compõe com o playboy Carlos Guinle sambas urbanos como *Sábado em Copacabana*, *Tão Só*, *Você Não Sabe Amar* e *Rua Deserta*. Sobre essas parcerias, sempre se comentou que Caymmi entrava com a música e o playboy com o whisky. Os Anjos do Inferno lançam mais dois grandes sucessos, *Acontece Que Eu Sou Baiano* e *Vestido de Bolero*.

1945
Grava para a Odeon *Dora* e *Peguei Um Ita no Norte,* enquanto os Anjos do Inferno lançam *Doralice* (parceria com Antonio Almeida) e o Trio de Ouro (Herivelto Martins, Nilo Chagas e Dalva de Oliveira) grava *História pro Sinhozinho*. É o ano em que também termina a canção *João Valentão,* que começara a compor nove anos antes.

1946
Lança num 78 rotações *365 Igrejas* (canção que regravaria em 1957 no LP *Eu Vou Para Maracangalha*).

1947
Para a adaptação teatral de *Terras do Sem Fim* (de Jorge Amado), compõe, entre outras, *Retirantes* e *Canto de Obá*. Orlando Silva lança *Saudade,* parceria de Caymmi com Fernando Lobo. *Marina* ganharia quatro gravações no ano de seu lançamento: Francisco Alves, Dick Farney, Nelson Gonçalves e o próprio Caymmi, num 78 rotações que viria acompanhado de outra inédita, *Lá Vem a Baiana*. Também compõe *Saudade da Bahia,* que só lançaria dez anos depois. Incentivado por Jorge Amado, lança, pela Livraria Martins Editora, *Cancioneiro da Bahia,* livro com suas canções – 62 na época, incluindo também *Dois de Fevereiro* e *A Vizinha do Lado*.

1948
Nasce em 7 de março o caçula do casal, Danilo Caymmi, outro que seguiria os passos dos pais como cantor e compositor. Pela RCA-Victor, lança *A Lenda do Abaeté*.

1949
Lúcio Alves grava para a Continental o samba-canção *Nunca Mais;* Ivon Curi, na mesma gravadora, lança *Adeus*.

1951
Participa da estréia da televisão no Brasil, no programa de abertura da TV Tupi

1952
Grava na Odeon *Nem Eu*.

1953
É criada em Salvador a Praça Dorival Caymmi.

1954
Grava, na Odeon, seu primeiro long-play de dez polegadas, *Canções Praieiras,* entre elas, *O Bem do Mar* e *Quem Vem Pra Beira do Mar,* ao lado das já clássicas *Coqueiro de Itapoã, É Doce Morrer no Mar, Noite de Temporal, Promessa de Pescador, O Mar* e *O Vento*. Lança num 78 rotações *Pescaria (Canoeiro)*.

1955
No LP *Sambas de Caymmi* (Odeon) aparecem canções como *Só Louco, A Vizinha do Lado*. A cantora Vera Lúcia lança num 78 rotações *Valerá a Pena?,* parceria com Carlos Guinle.

1956
Lança um de seus maiores sucessos, *Maracangalha*.

1957
Apresenta em programa na TV Tupi *Saudade da Bahia,* samba que compusera dez anos antes. O LP *Caymmi e o Mar* (depois reeditado com o título de *História de Pescadores*), produzido por Aloysio de Oliveira para a Odeon, traz algumas de suas canções praieiras, seis delas reunidas em *História de Pescadores: Canção da Partida, Adeus da Esposa, Temporal, Cantiga de Noiva, Velório* e *Na Manhã Seguinte*. É lançado o LP *Eu Vou Para Maracangalha*.

1958
Sai pela Odeon o LP *Ary Caymmi / Dorival Barroso – Um Interpreta o Outro*.

1959
Lança o LP *Caymmi e Seu Violão,* no qual, entre suas 12 faixas, estão canções como *Coqueiro de Itapoã, O Vento* e *Pescaria (Canoeiro)*. Em seu disco de estréia, *Chega de Saudade,* no qual consolida a bossa nova, o cantor e violonista João Gilberto inclui no repertório um clássico de Dorival Caymmi, *Rosa Morena*.

1960
No LP *Eu Não Tenho Onde Morar,* com orquestrações de Lindolfo Gaya, estão músicas como *São Salvador* e *A Vizinha do Lado*.

1964
O disco *Caymmi Visita Tom e Leva Seus Filhos Nana, Dori e Danilo,* idealizado por Aloysio de Oliveira para o selo Elenco, apresenta uma inédita, *Das Rosas*. No ano seguinte, ela ganharia versão para o inglês, *And Roses and Roses,* grande sucesso na gravação do cantor Andy Williams.

1965
Com arranjos e regência do maestro americano Bill Hitchcok e participação do Quarteto em Cy, grava para a Warner nos EUA *Caymmi (Kai-ee-me) and the Girls From Bahia,* que traz no seu repertório *Marcha dos Pescadores* (composição que aparecera inicialmente com o título de *Canção da Partida,* a parte I de *Histórias de Pescadores*). No Brasil, o disco foi lançado dois anos depois, pela Odeon, como *Caymmi*.

1967
No disco ao vivo *Vinicius / Caymmi no Zum Zum* (selo Elenco) Dorival canta *Adalgisa,* que também gravaria neste mesmo ano em disco do Quarteto em Cy.

1968
Escrita em parceria com o filho Danilo, *Anjo da Noite* é gravada por Cynara e Cybele.

1972
Seu novo LP para a Odeon, *Caymmi,* traz *Morena do Mar, Santa Clara Clareou, Canto de Nanã, Canto de Obá, Vou Ver Juliana, Eu Cheguei Lá* e *Oração da Mãe Menininha*.

1973
Faz para a Odeon o LP *Caymmi Também é do Rancho*. João Donato grava *Cala Boca Menino* (que quatro anos depois seria regravada por Nana).

1974
O pintor, que desde os anos 30 chamava a atenção de amigos e ilustrara muitas capas de seus discos, faz a primeira exposição individual. O vernissage foi no dia 18 de março, na Galeria Intercontinental, em Ipanema.

1975
Sucesso nacional com *Modinha de Gabriela*, na voz de Gal Costa, tema de abertura da novela *Gabriela* (com Sonia Braga no papel-título). O Quarteto em Cy lança *Horas*.

1976
Divide o palco com Gal Costa num show que estreou no Rio em fevereiro, onde canta pela primeira vez *Sargaço Mar*. É lançado o disco *Gal Canta Caymmi*.

1977
Grava com a filha Nana *Milagre*, para o disco desta na RCA-Victor.

1983
Ganha o Prêmio Shell de Música pelo conjunto da obra.

1984
Muitas homenagens no ano em que completa 70 anos. A Funarte lança o álbum duplo *Setenta Anos – Caymmi*. Na França, recebe do ministro da Cultura, Jack Lang, a comenda Ordre dês Arts e dês Lettres; no Rio, a Câmara dos Vereadores concede-lhe o título de Cidadão Honorário; em Brasília, recebe o título de Comendador da Ordem do Mérito Judiciário do Trabalho. É lançada como brinde a caixa *Caymmi: Som Imagem e Magia*. Essa coleção, que ganharia edição comercial 12 anos depois, no CD duplo *Caymmi Inédito* (Universal), trazia seus principais clássicos e ainda canções como *A Mãe d'Água e a Menina*, *A Preta do Acarajé*, *Festa de Rua* e *Fiz Uma Viagem*.

1986
É lançado pela EMI o LP *Caymmi's Grandes Amigos – Nana, Dori e Danilo Caymmi* (participação especial de Dorival Caymmi). A pedido de Olívia Hime, Caymmi musica o poema *Balada do Rei das Sereias*, de Manuel Bandeira. Nana Caymmi grava *Canção Antiga*.

1987
Lançamento do LP *Dori, Nana, Danilo e Dorival Caymmi* (EMI).

1989
É o homenageado no Prêmio Sharp de Música.

1990
Participa ao lado dos filhos do 25ª Festival Internacional de Jazz de Montreux, na Suíça. Em parceria com o filho Danilo, compõe *Vamos Falar de Tereza*, para a trilha sonora da minissérie de TV baseada no livro *Tereza Batista*, do Jorge Amado.

1991
Sai em disco, pela Polygram, *Família Caymmi em Montreux*.

1992
Ganha o Prêmio Cultura, do MinC. *Modinha Para Tereza Batista*, parceria com Jorge Amado, é gravada pela nora Simone Caymmi (no ano seguinte, também seria gravada por Joyce).

1993
É editado seu Songbook na série idealizada e coordenada por Almir Chediak: quatro CDs, com 82 canções e a participação dos principais cantores da música brasileira. Entre as inéditas até então, *Na Cancela*, gravada no CD1 por Toquinho.

1994
Ao completar 80 anos, mais homenagens. São editados os dois livros da série Songbook, com partituras e letras de 99 músicas. Danilo Caymmi grava *Mãe Stella*, que compôs com seu pai.

1997
Show no Copacabana Palace para lançar o CD duplo *Caymmi Inédito*.

2001
Parceria com Danilo Caymmi e Dudu Falcão, *Caminhos do Mar* é gravada por Gal Costa e também por Danilo. É lançado o livro *Dorival Caymmi – O Mar e o Tempo* (Editora 34), biografia do compositor escrita por sua neta, Stella Caymmi.

2002
Nana Caymmi lança o disco *O Mar e o Tempo*, inteiramente dedicado à obra de seu pai.

2004
Muitas homenagens para o aniversário de 90 anos, entre elas o disco *Para Caymmi, 90 Anos*, de Nana, Dori e Danilo (Warner). O registro do show de lançamento no Canecão, no dia 30 de abril, aniversário do compositor, virou um DVD homônimo.

2005
Inaugurada em novembro, no Paço Imperial (Rio de Janeiro) a exposição *A Imagem do Som de Dorival Caymmi*.

Enrica Bernardelli
Quem Vem Pra Beira do Mar

Quem Vem Pra Beira do Mar
(Dorival Caymmi)

Quem vem pra beira do mar – ai
Nunca mais quer voltar – ai

Andei por andar, andei
E todo caminho deu no mar
Andei pelo mar, andei
Nas águas de dona Janaína

A onda do mar leva
A onda do mar traz
Quem vem pra beira da praia, meu bem
Não volta nunca mais

Dora Longo Bahia
Coqueiro de Itapuã

Coqueiro de Itapuã
(Dorival Caymmi)

Coqueiro de Itapuã
Coqueiro!
Areia de Itapuã
Areia!
Morena de Itapuã
Morena!
Saudade de Itapuã
Me deixa!

Ó vento que faz cantiga nas folhas
No alto do coqueiral
Ó vento que ondula as águas
Eu nunca tive saudade igual

Me traga boa notícia
Daquela terra
Toda manhã
E jogue uma flor no colo
De uma morena
Em Itapuã

Arthur Luiz Piza
Itapuã

Itapuã
(Dorival Caymmi)

Sereia morena
Vem toda a manhã
Se banha nas águas
De Itapuã

A pedra que ronca
No meio do mar
Tem no seu dorso
Sentada, Iaiá
A moça bonita
De cabelo verde
Metade de gente
Metade de peixe – ê

A pedra é morada
Da moça do mar

Ernesto Neto
Balada do Rei das Sereias

Balada do Rei das Sereias
(Dorival Caymmi / Manuel Bandeira)

O rei atirou
Seu anel ao mar
E disse às sereias:
Ide-o lá buscar
Que se o não trouxerdes
Virareis espuma
Das ondas do mar!

Foram as sereias
Não tardou, voltaram
Com o perdido anel
Maldito o capricho
De rei tão cruel!

O rei atirou
Grãos de arroz ao mar
E disse às sereias:
Ide-os lá buscar
Que se os não trouxerdes
Virareis espuma
Das ondas do mar!

Foram as sereias
Não tardou, voltaram
Não faltava um grão
Maldito capricho
Do mau coração!

O rei atirou
Sua filha ao mar
E disse às sereias:
Ide-a lá buscar
Que se a não trouxerdes
Virareis espuma
Das ondas do mar!

Foram as sereias
Quem as viu voltar?
Não voltaram nunca
Viraram espuma
Das ondas do mar

Arnaldo Antunes
Vatapá

Vatapá
(Dorival Caymmi)

Quem quiser vatapá – ô
Que procure fazer
Primeiro o fubá
Depois o dendê

Procure uma nega baiana – ô
Que saiba mexer
Que saiba mexer
Que saiba mexer

Bota castanha de caju
Um bocadinho mais
Pimenta malagueta
Um bocadinho mais

Amendoim, camarão, rala o coco
Na hora de machucar
Sal com gengibre e cebola, Iaiá
Na hora de temperar

Não pára de mexer – ô
Que é pra não embolar
Panela no fogo
Não deixa queimar

Com qualquer dez mil-réis e uma nega – ô
Se faz um vatapá!
Se faz um vatapá!
Se faz um vatapá!

Marcello Grassmann
Anjo da Noite

Anjo da Noite
(Dorival Caymmi / Danilo Caymmi)

O anjo da noite
Passou por aqui
E eu perguntei
Que viu por aí?

Perguntei pela flor – ô iá
Perguntei pelo amor – ô iá
Perguntei pela dor – ô iá
Ele disse que viu
Mas fingiu que não viu

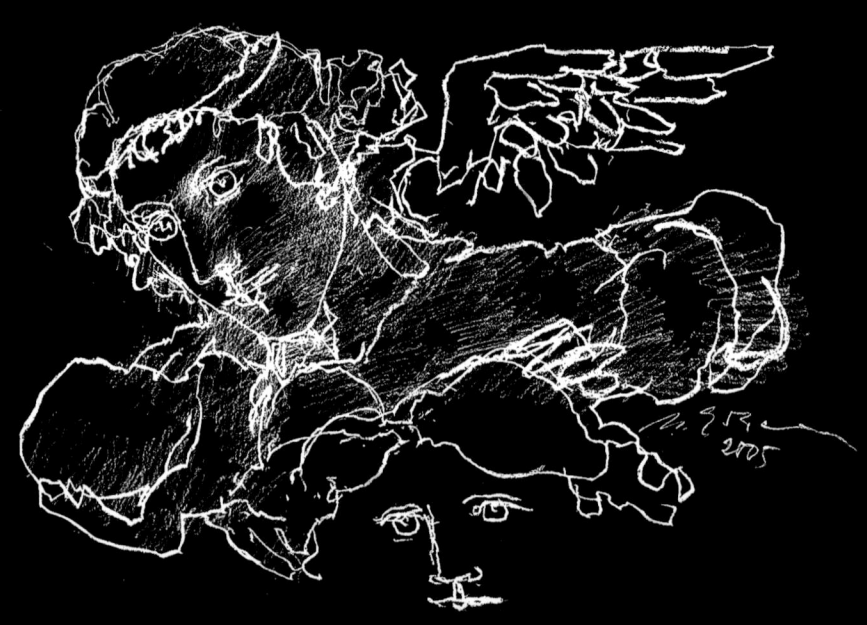

Cristina Salgado
A Preta do Acarajé

A Preta do Acarajé
(Dorival Caymmi)

Dez horas da noite
Na rua deserta
A preta mercando
Parece um lamento

Iê ô abará!

Na sua gamela
Tem molho cheiroso
Pimenta-da-costa
Tem acarajé

Ô acarajé ecó olalai ó
Vem benzê-ê-em
Tá quentinho

Todo mundo gosta de acarajé
Mas o trabalho que dá pra fazer é que é
Todo mundo gosta de acarajé

Todo mundo gosta de abará
Mas ninguém quer saber o trabalho que dá
Todo mundo gosta de abará
Todo mundo gosta de acarajé

Dez horas da noite
Na rua deserta
Quanto mais distante
Mais triste o lamento

João Modé
Saudade

Luiz Stein
Cala Boca Menino

Cala Boca Menino
(Dorival Caymmi)

Nhém, nhém, nhém
Cala a boca menino
Nhém, nhém, nhém
Seu pai logo vem
Nhém, nhém, nhém
Ele foi pro Cabula
Nhém, nhém, nhém
Foi comer jaca mole
Nhém, nhém, nhém
Da cabeça dura

foto (jaca) Priscilla Guimarães
designers assistentes Felipe Braga e Darlan Carmo
produção Ana Paula Veríssimo
baseado na obra Le Fils de L'homme (1964), de René Magritte

João Modé (página anterior)

Saudade
(Dorival Caymmi / Fernando Lobo)

Tudo acontece na vida
Tudo acontece a todos nós
Sempre uma dor, um ai de amor
E de um infeliz se ouve a voz

Sinto saudades, tristezas
Bem dentro de mim
Coisas passadas, já mortas
Que tiveram fim
Tenho meus olhos parados
Perdidos, distantes
Como se a vida nos fôra
O que era antes
Cartas, palavras, notícias
Não vêm sequer
E a certeza me diz
Que ela era o meu bem

O que dói profundamente
É saber que, infelizmente
A vida é aquilo que a gente não quer

Maria do Carmo Secco
Dois de Fevereiro

Dois de Fevereiro
(Dorival Caymmi)

Dia dois de fevereiro
Dia de festa no mar
Eu quero ser o primeiro
A saudar Iemanjá

Escrevi um bilhete pra ela
Pedindo pra ela me ajudar
Ela então me respondeu
Que eu tivesse paciência de esperar
O presente que eu mandei pra ela
De cravos e rosas, vingou

Chegou, chegou, chegou
Afinal que o dia dela chegou

O Bem do Mar
(Dorival Caymmi)

O pescador tem dois amor
Um bem na terra
Um bem no mar

O bem de terra
É aquela que fica na beira da praia
Quando a gente sai
O bem de terra
É aquela que chora
Mas faz que não chora
Quando a gente sai

O bem do mar
É o mar
É o mar
Que carrega com a gente
Pra gente pescar

J.R. Duran
O Bem do Mar

Horas
(Dorival Caymmi)

Se já fora
Que importa agora
Retalhar a dor, ai
Que doeu outrora
Infindada
A vez não é nada
Passaram-se agoras
Horas, horas

Iole de Freitas
Horas

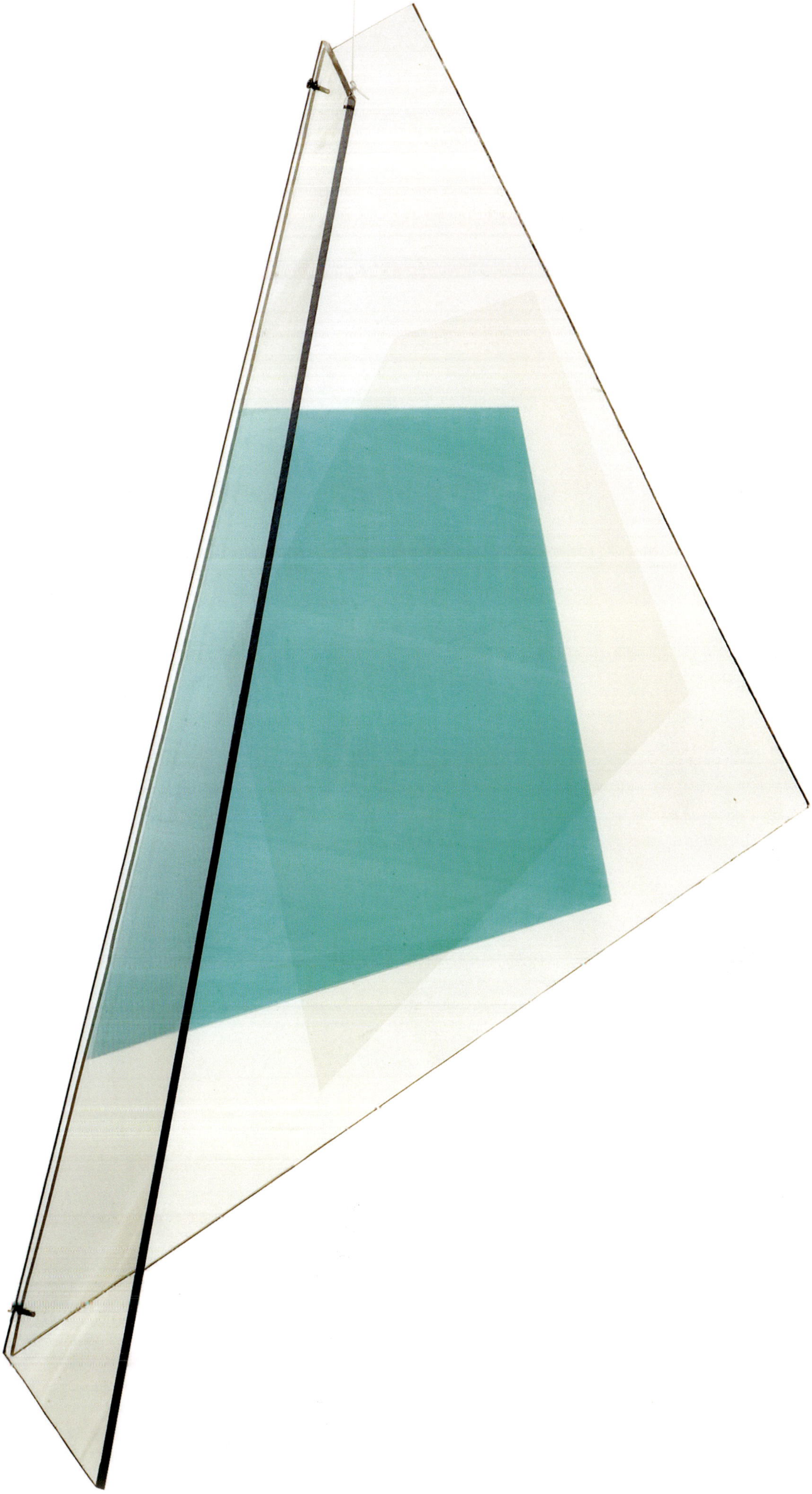

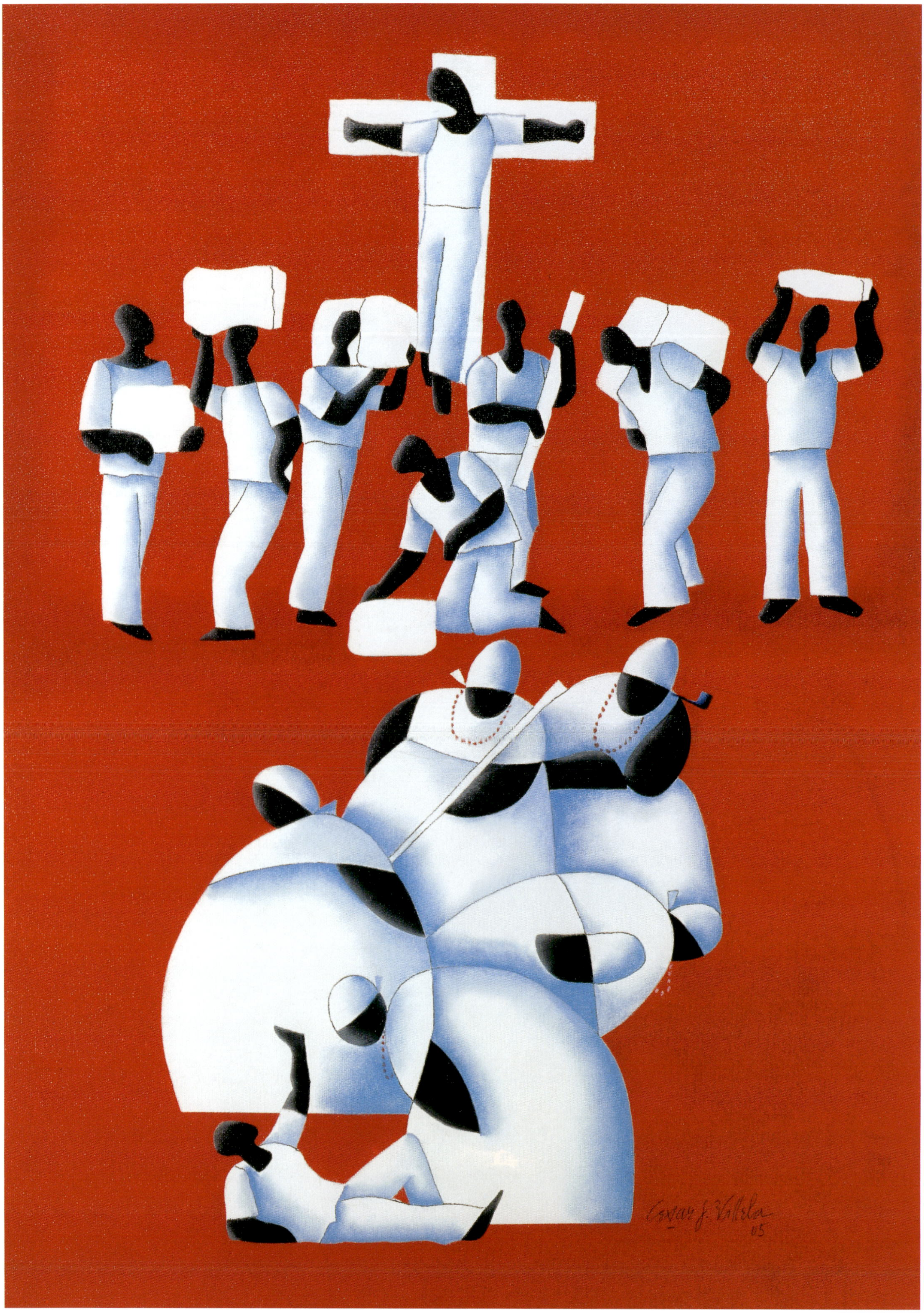

Cesar G. Villela
Retirantes

Retirantes
(Dorival Caymmi)

Vida de negro é difícil
É difícil como quê

Eu quero morrer de noite
Na tocaia me matar
Eu quero morrer de açoite
Se tu, nega, me deixar

Meu amor, eu vou m'embora
Nessa terra vou morrer
O dia não vou mais ver
Nunca mais eu vou te ver

Marcos Cardoso (página seguinte)

Nem Eu
(Dorival Caymmi)

Não fazes favor nenhum
Em gostar de alguém
Nem eu
Nem eu
Nem eu
Quem inventou o amor
Não fui eu
Não fui eu
Não fui eu
Não fui eu nem ninguém

O amor acontece na vida
Estavas desprevenida
E, por acaso, eu também
Mas como o acaso é importante, querida
De nossas vidas, a vida
Fez um brinquedo também

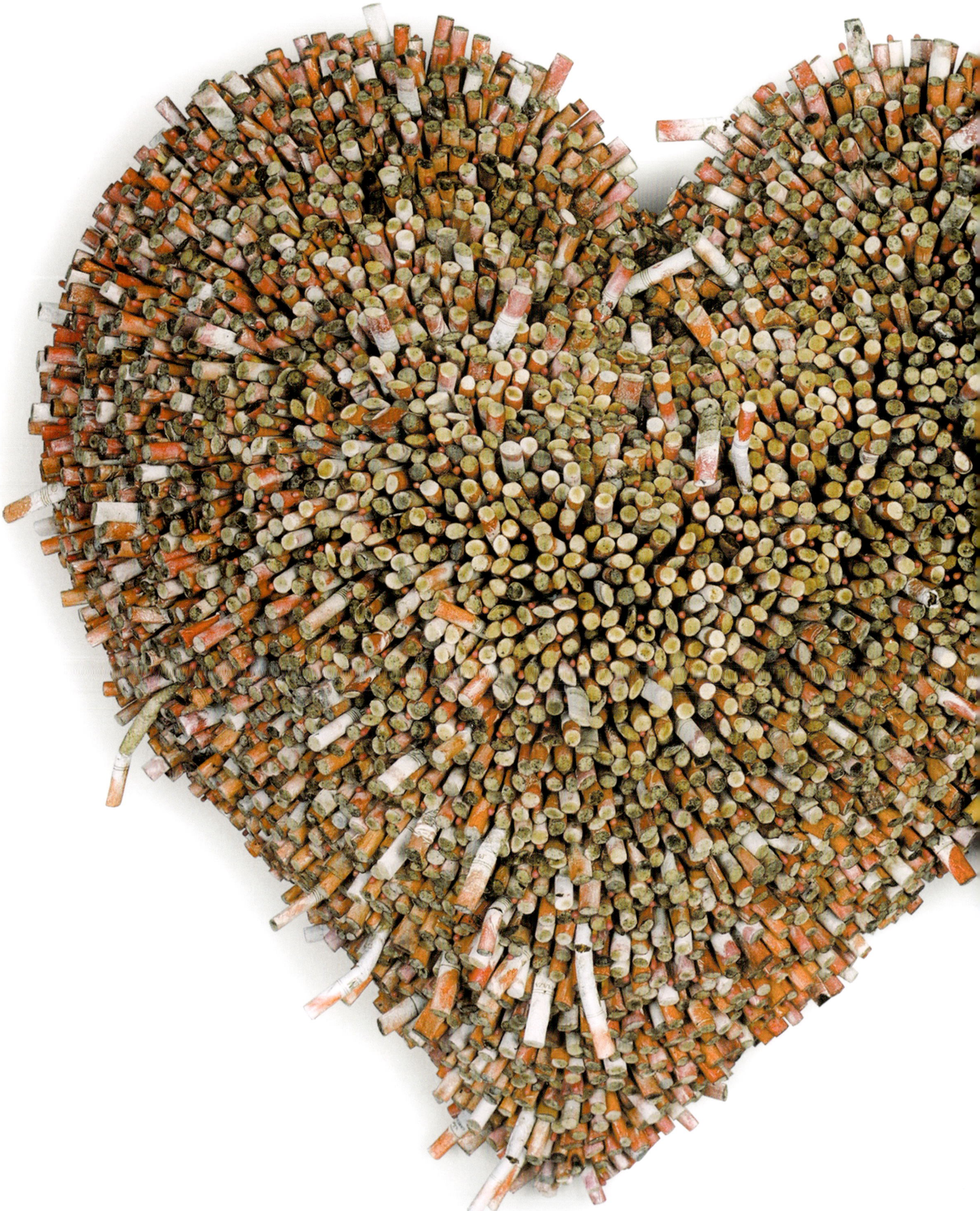

Marcos Cardoso
Nem Eu

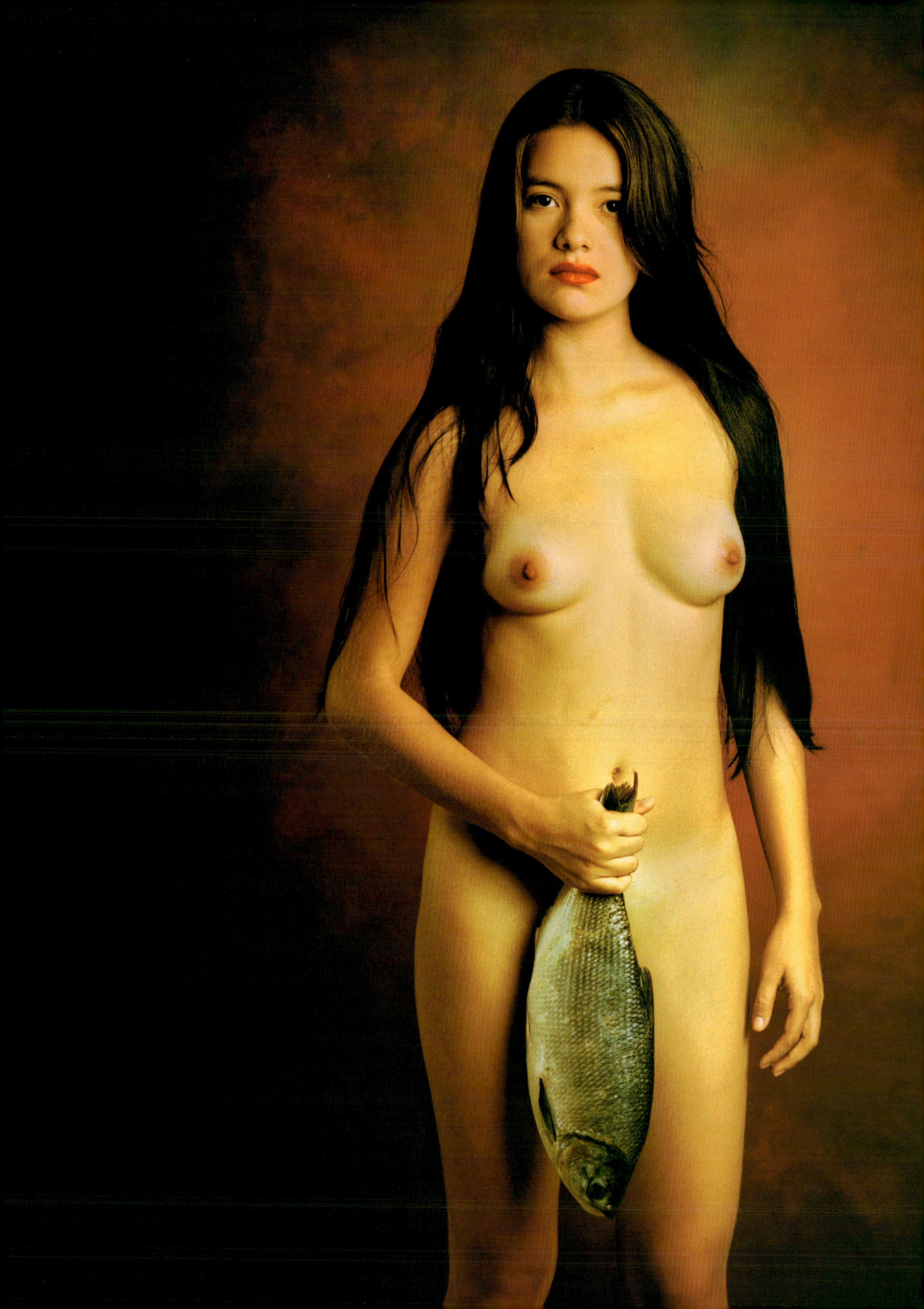

Luiz Braga
Marcha dos Pescadores

Marcha dos Pescadores
(Dorival Caymmi)

Minha jangada vai sair pro mar
Vou trabalhar, meu bem-querer
Se Deus quiser, quando eu voltar do mar
Um peixe bom eu vou trazer
Meus companheiros também vão voltar
E a Deus do céu vamos agradecer

A Estrela-Dalva me acompanha
Iluminando o meu caminho
Eu sei que nunca estou sozinho
Pois tenho alguém que está pensando em mim

modelo Yone Neves

Anna Letycia
365 Igrejas

365 Igrejas
(Dorival Caymmi)

Trezentas e sessenta e cinco igrejas
A Bahia tem
Numa eu me batizei
Na segunda eu me crismei
Na terceira eu vou casar
Com a mulher que eu quero bem

Se depois que eu me casar
Me nascer um bacuri
Vou-me embora pra Bahia, vou
Vou batizar no Bonfim

Mas se for me parecendo
Que os meninos vão nascendo
Por cada uma igreja que tem lá
Sou obrigado a comprar minha passagem
Pra voltar pra cá, não é?

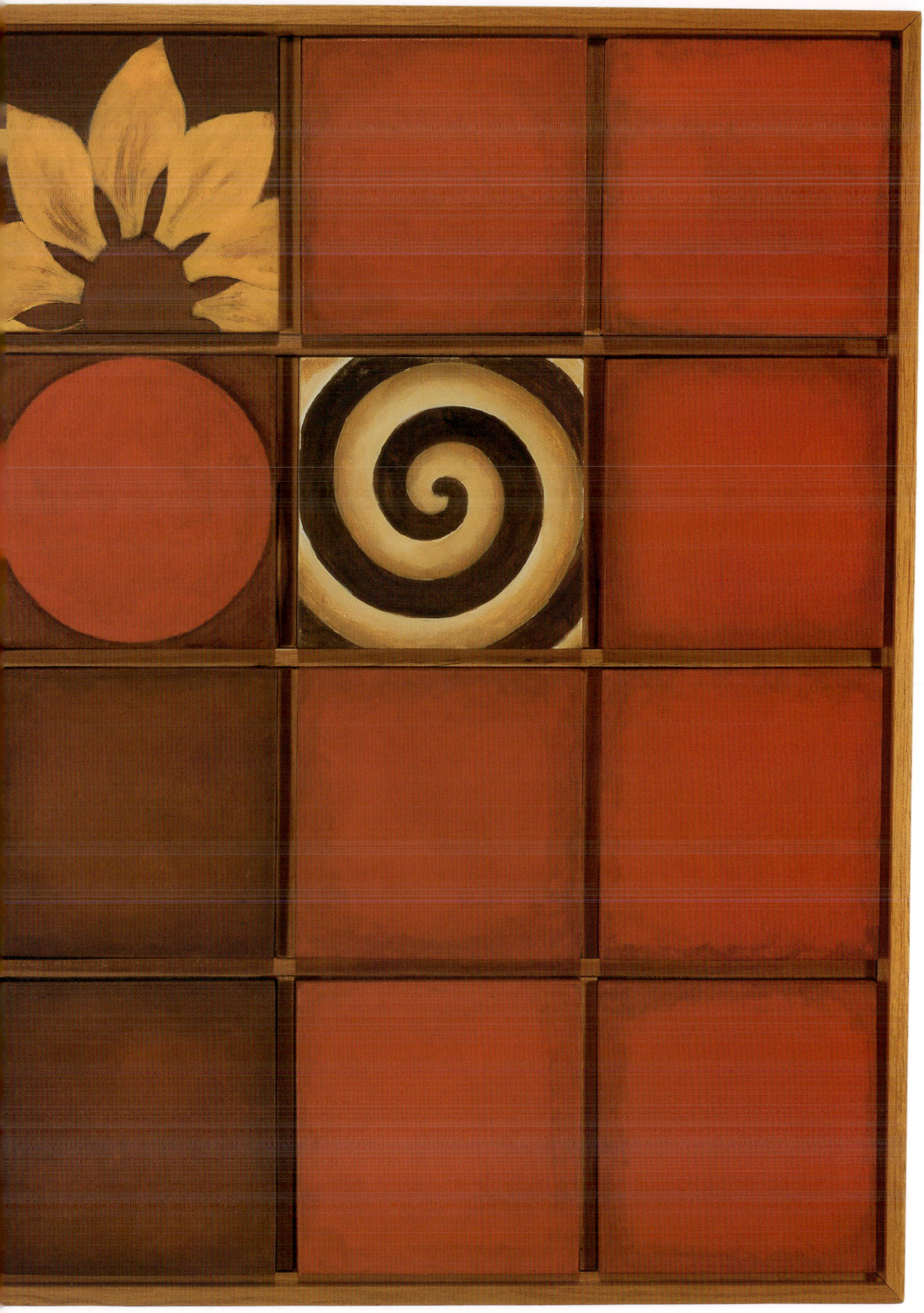

Afonso Tostes
Nunca Mais

Nunca Mais
(Dorival Caymmi)

Eu queria escrever
Mas depois desisti
Preferi te falar
Assim, a sós
Terminar nosso amor
Para nós é melhor
Para mim é melhor
Convém a nós

Nunca mais vou querer o teu beijo
Nunca mais
Nunca mais vou querer teu amor
Nunca mais
Uma vez me pediste sorrindo
Eu voltei
Outra vez me pediste chorando
Eu voltei
Mas agora eu não posso e nem quero
Nunca mais
O que tu me fizeste, amor
Foi demais

fotos Vicente de Mello

Mauricio Ruiz
Velório

Velório
(Dorival Caymmi)

Uma incelença entrou no paraíso
Adeus, irmão, adeus
Até o dia de juízo

foto Paulo Innocêncio

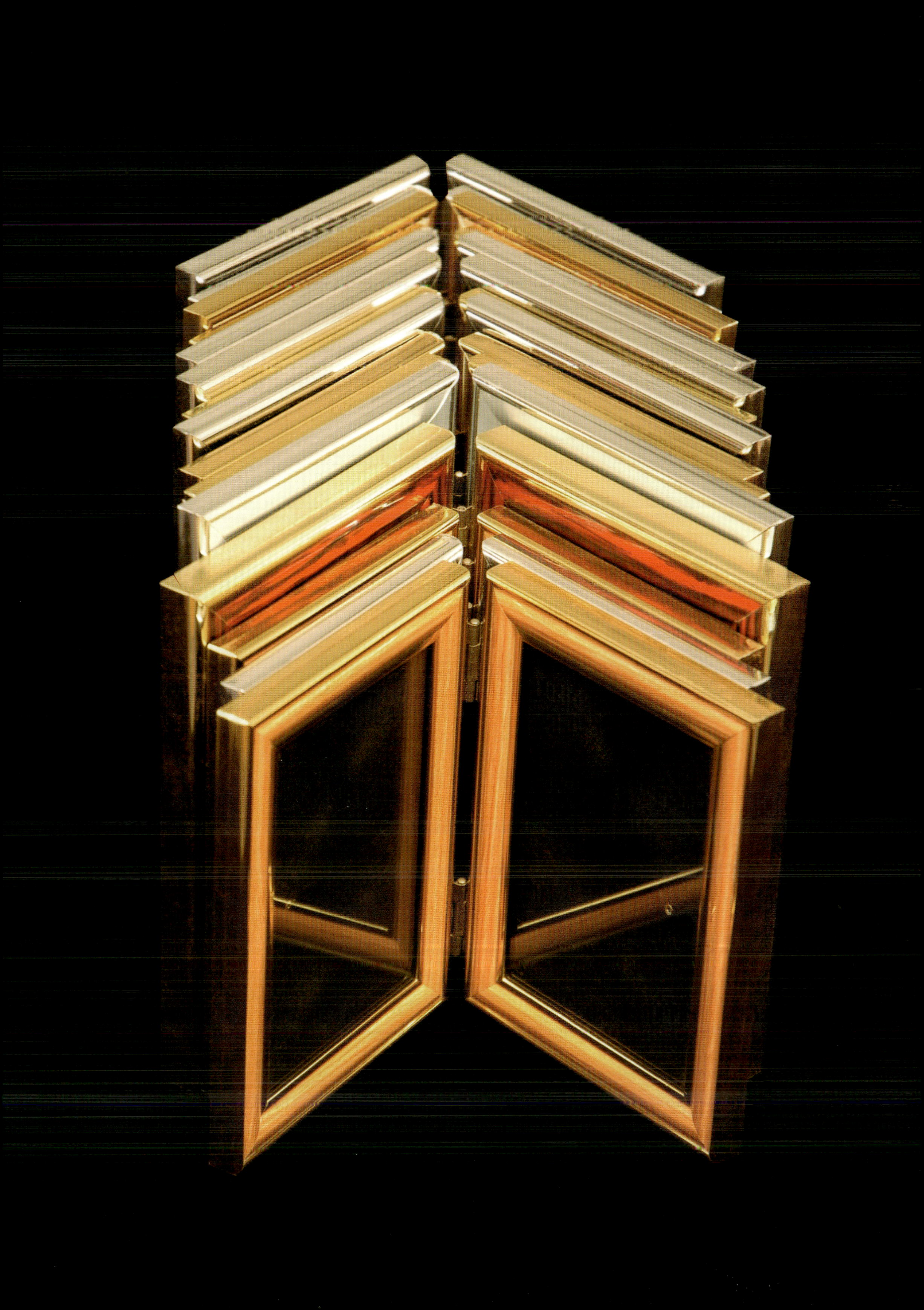

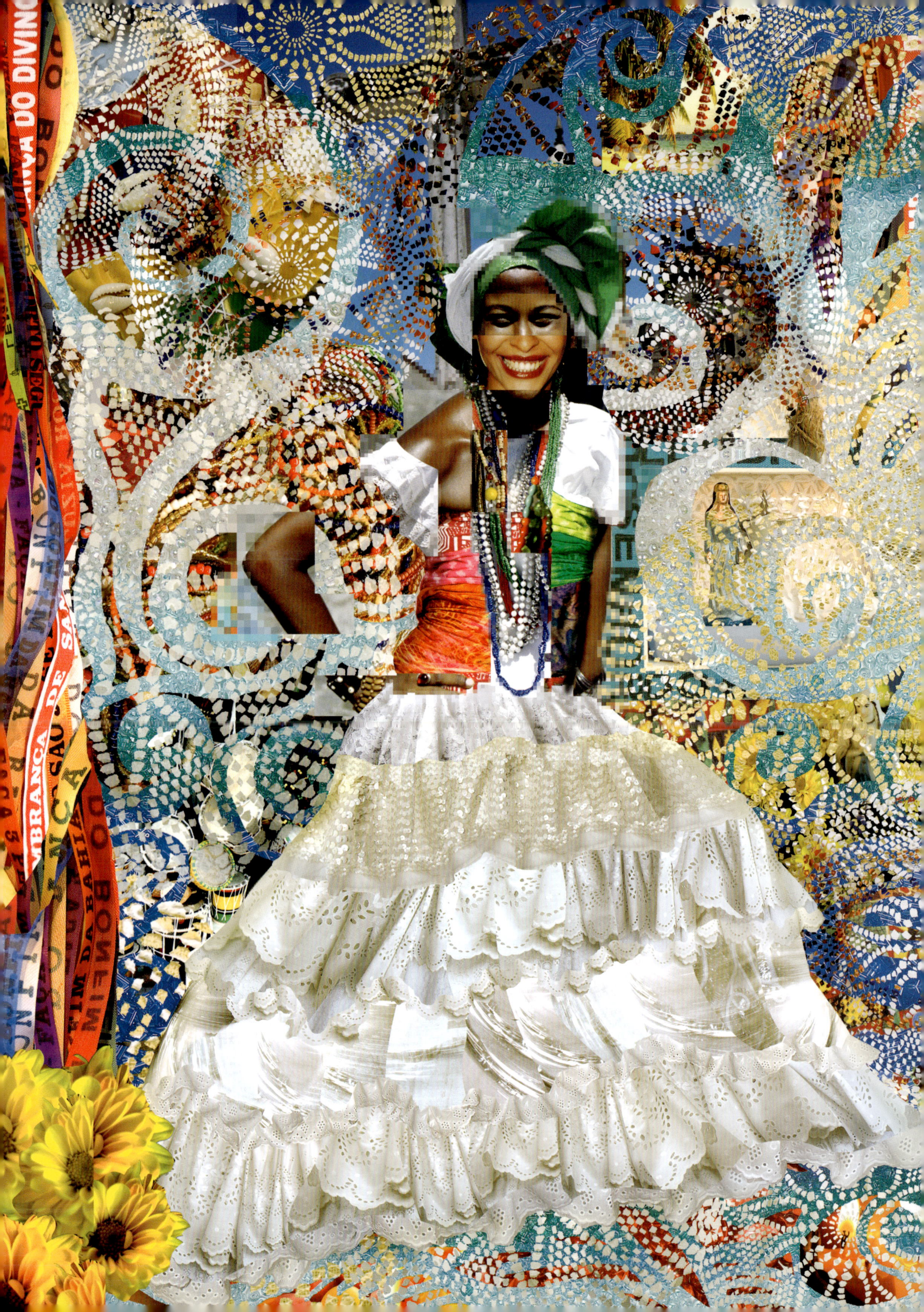
DO DIVINO

Cristina Portella
Lá Vem a Baiana

Lá Vem a Baiana
(Dorival Caymmi)

Lá vem a baiana
De saia rendada
Sandália enfeitada
Vem me convidar para sambar
Mas eu não vou

Lá vem a baiana
Coberta de contas
Pisando nas pontas
Dizendo que eu sou o seu ioiô
Mas eu não vou

Lá vem a baiana
Falando dos santos
Mostrando os encantos
Dizendo que é filha de Senhor do Bonfim
Mas pra cima de mim

Pode jogar seu quebranto
Que eu não vou
Pode invocar o seu santo
Que eu não vou
Pode esperar sentada, baiana
Que eu não vou

Não vou, porque não posso resistir à tentação
Se ela sambar, eu vou sofrer
E mesmo esse diabo sambando é mais mulher
E se eu deixar ela faz o que bem quer
Não vou, não vou
Não vou nem amarrado
Porque sei
Se ela sambar...

fotos gentilmente cedidas por David Sicuro, Marcos Hermes, Guto Costa e Luciano Bogado
fotos das texturas Marcelo Portella e Cristina Portella

RAINHA DO MAR

MANJA   J. BORGES

J. Borges
Rainha do Mar

Chico Bicalho
Samba da Minha Terra

J. Borges (página anterior)

Rainha do Mar
(Dorival Caymmi)

Ah! Tem dó de ver o meu penar

Minha sereia, rainha do mar
O canto dela faz admirar

Minha sereia é moça bonita
Nas ondas do mar aonde ela habita

Samba da Minha Terra
(Dorival Caymmi)

O samba da minha terra
Deixa a gente mole
Quando se canta
Todo mundo bole

Quem não gosta de samba
Bom sujeito não é
É ruim da cabeça
Ou é doente do pé

Eu nasci com o samba
No samba me criei
E do danado do samba
Eu nunca me separei

O samba lá da Bahia
Deixa a gente mole
Quando se canta
Todo mundo bole

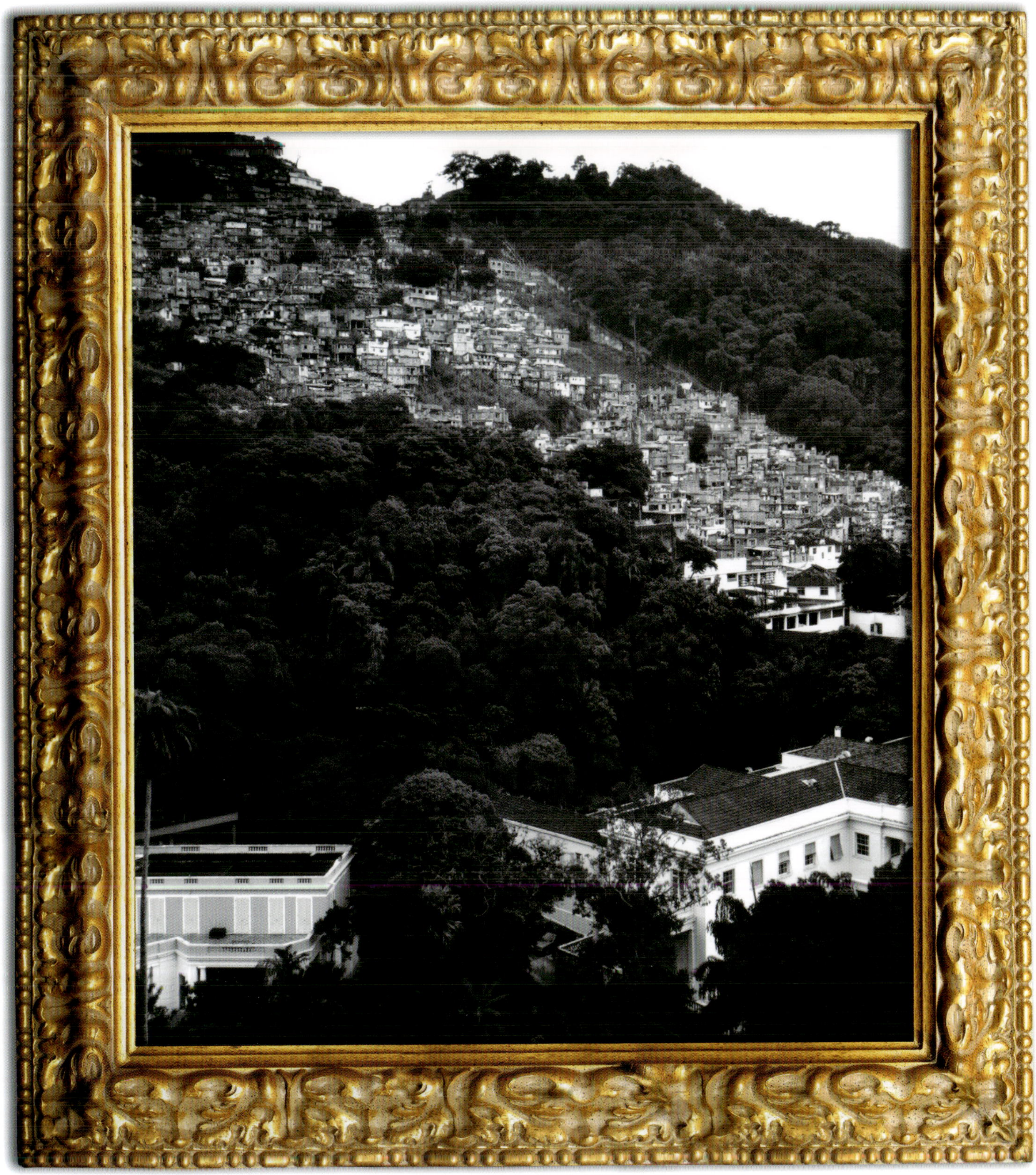

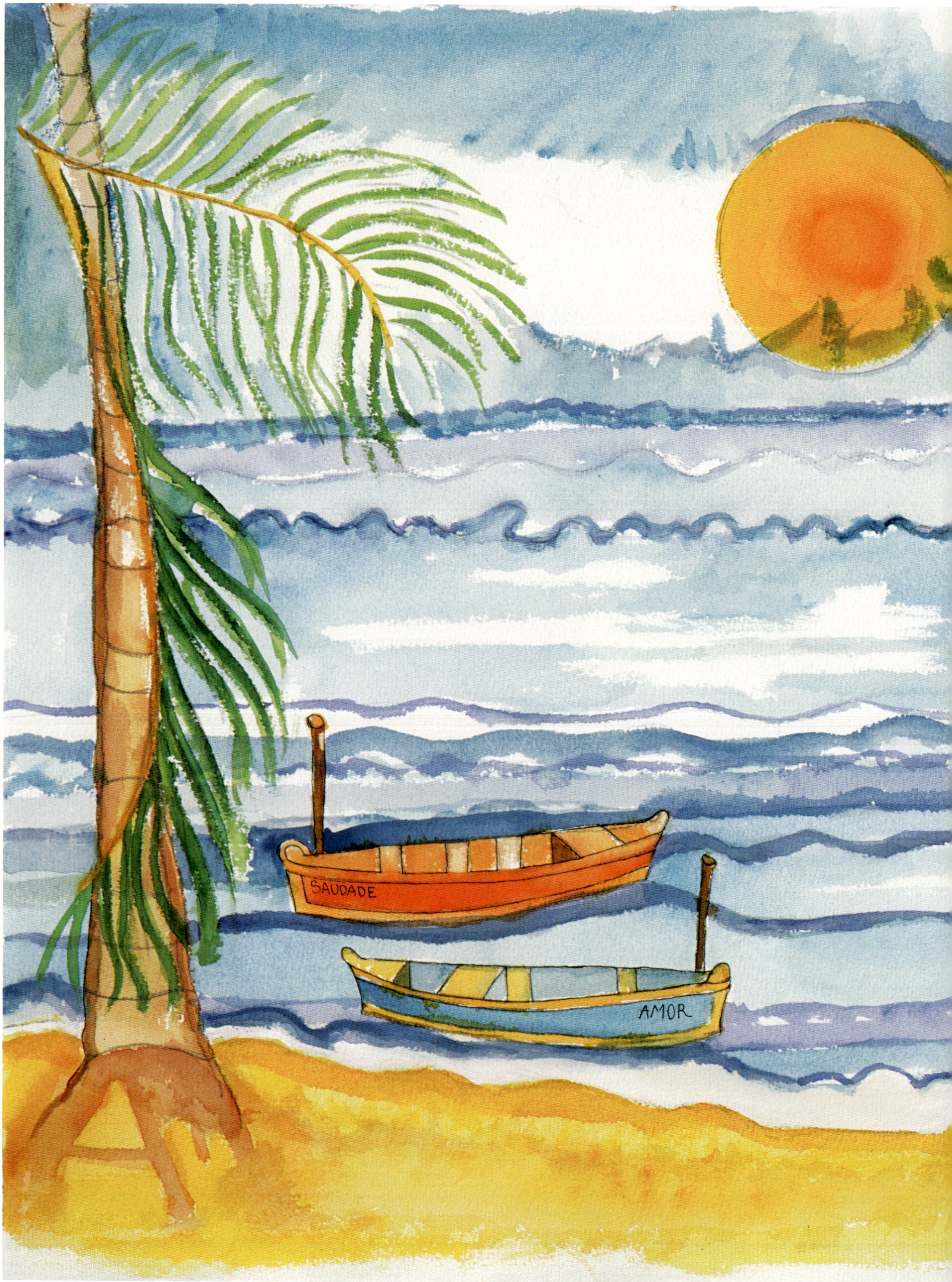
SAUDADE
AMOR

Guita Charifker
A Jangada Voltou Só

A Jangada Voltou Só
(Dorival Caymmi)

A jangada saiu
Com Chico Ferreira e Bento
A jangada voltou só

Com certeza foi, lá fora
Algum pé-de-vento
A jangada voltou só

Chico era o boi do rancho
Nas festas de Natá
Não se ensaiava o rancho
Sem o Chico se contá

Agora que não tem Chico
Que graça que pode tê?
Se Chico foi na jangada
E a jangada voltou só

Bento cantando modas
Muita figura fez
Bento tinha bom peito
E pra cantar não tinha vez

As moças de Jaguaribe
Choraram de fazer dó
Seu Bento foi na jangada
E a jangada voltou só

Paulo Marcos
É Doce Morrer no Mar

agradecimentos Ildi Silva (olho) e Luciana Avellar

É Doce Morrer no Mar
(Dorival Caymmi / Jorge Amado)

É doce morrer no mar
Nas ondas verdes do mar

A noite que ele não veio, foi
Foi de tristeza pra mim
Saveiro voltou sozinho
Triste noite foi pra mim

Saveiro partiu de noite, foi
Madrugada, não voltou
O marinheiro bonito
Sereia do mar levou

Nas ondas verdes do mar, meu bem
Ele se foi afogar
Fez sua cama de noivo
No colo de Iemanjá

agradecimentos Ildi Silva (olho) e Luciana Avellar

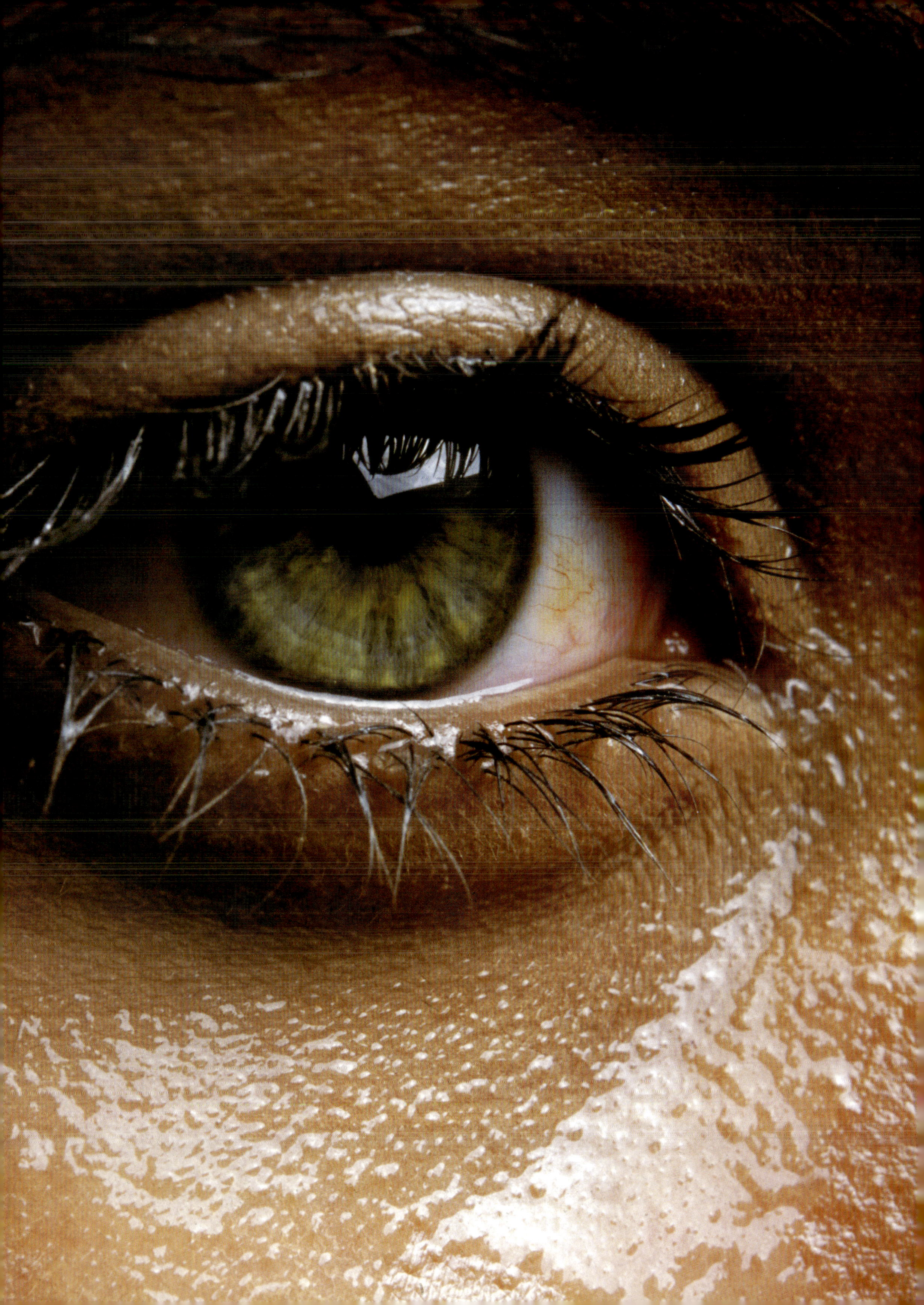

Antonio Manuel
Marina

Marina
(Dorival Caymmi)

Marina, morena Marina
Você se pintou
Marina, você faça tudo
Mas, faça um favor
Não pinte esse rosto que eu gosto
Que eu gosto e que é só meu
Marina, você já é bonita
Com o que Deus lhe deu

Já me aborreci, me zanguei
Já não posso falar
E quando eu me zango, Marina
Não sei perdoar
Eu já desculpei tanta coisa
Você não arranjava outro igual
Desculpe, morena Marina
Mas eu tô de mal
Eu tô de mal com você

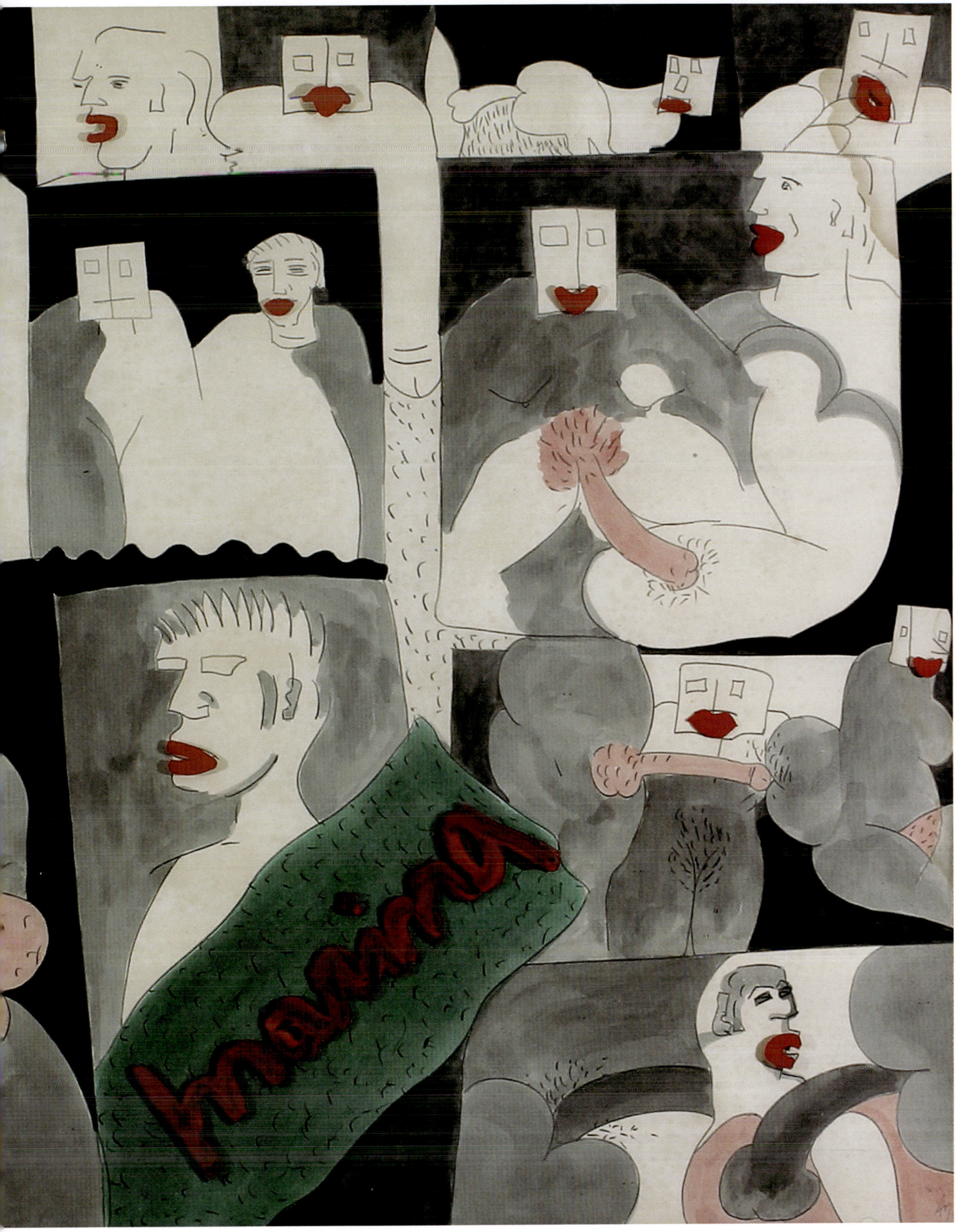

canção antiga

Um dos meus passatempos prediletos quando eu morava no posto seis - Av. Copacabana
era ficar na janela,
De lá, podia contemplar o mar, o fluxo dos carros, das gentes.   E...
sobretudo acompanhar de longe o progresso das pinturas do Caymmi.
Sim, ele era meu vizinho.
Cabeça já prateada, sempre de calção de banho e chinelos ele
pintava na janela.

Melhor luz creio.
    Mais ventilado

Talvez.

Mas   na verdade
eu não   conseguia ver o motivo dos seus quadrinhos
        (eram sempre telas pequenas)
Mas   imaginava,   imaginava muito   E...
preenchia as lacunas da nitidez com visões inspiradas na sua própria música
    que mamãe gostava tanto e que eu ouvia no rádio -
    nosso outro grande meio de entretenimento

Regina Vater
Canção Antiga

Canção Antiga
(Dorival Caymmi)

O portão da minha amada
Adormece sob a lua
Trecho de canção antiga
Voz de um trovador na rua
Fala em "dolorosa espera"
Diz que "ela não é o que era"
Apesar de ser tão sua
Ei-lo solitário, errante
Ele e o casario imenso
Fez-se trovador constante
Por força de um amar intenso
Oh! Ele merece tanto
Basta ouvir-lhe a voz em pranto
Deus, fazei feliz o amante

Eu Não Tenho Onde Morar
(Dorival Caymmi)

Eu não tenho onde morar
É por isso que eu moro na areia

Eu nasci pequenino
Como todo mundo nasceu
Todo mundo mora direito
Quem mora torto sou eu

Vivo na beira da praia
Com a sorte que Deus me deu
Maria mora com as outras
Quem paga o quarto sou eu

agradecimentos Rogean Rodrigues

Alessandra Migani (página seguinte)

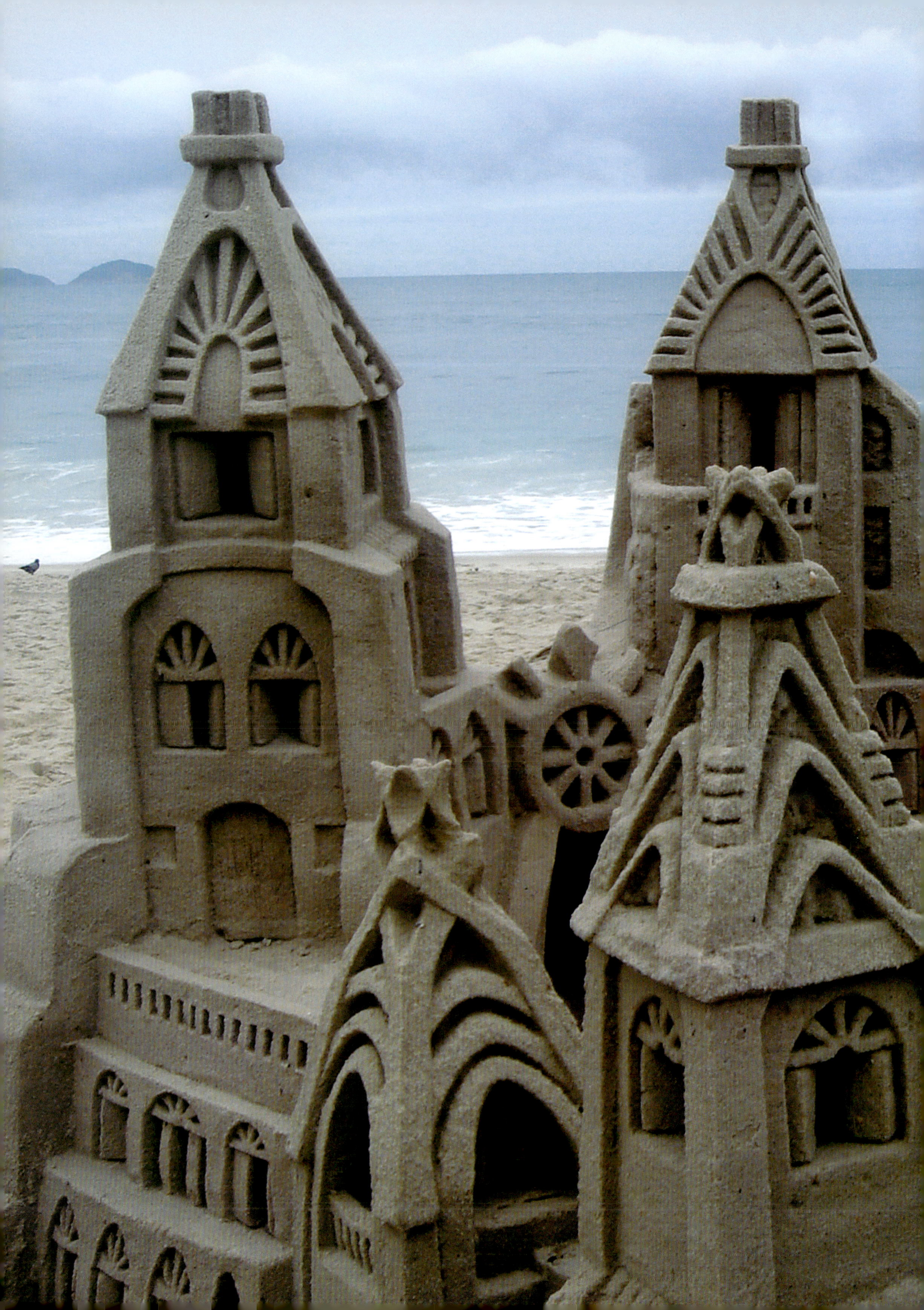

Alessandra Migani
Eu Não Tenho Onde Morar

Chico Cunha
Santa Clara Clareou

Santa Clara Clareou
(Dorival Caymmi)

Santa Clara clareou
São Domingos alumiou
Vai chuva, vem sol
Vai chuva, vem sol

E assim que eu acabava
De pedir a Santa Clara
Para o dia clarear
O vento espalhava as nuvens
E levava um papagaio
Empinado, para o ar

Hoje em dia, Santa Clara
Eu desejo tanta coisa
E a senhora não me dá

Nelson Felix
Requebre Que Eu Dou Um Doce

Requebre Que Eu Dou Um Doce
(Dorival Caymmi)

Requebre
Que eu dou um doce
Requebre
Que eu quero ver
Requebre, meu bem
Que eu trouxe
Um chinelo pra você – ai

Para você requebrar
Moreninha da sandália
Do pompom grená
Quando acabar com a sandália de lá

Venha buscar essa sandália de cá
Pra não parar de sambar
Pra não parar de sambar

Morena, balance as contas
Não paro de peneirar
Eu vim pra lhe ver sambando
Eu vim pra lhe ver sambar
A roda da sua saia
Da barra de tafetá
Me põe a cabeça à roda
Moreninha da sandália do pompom grená

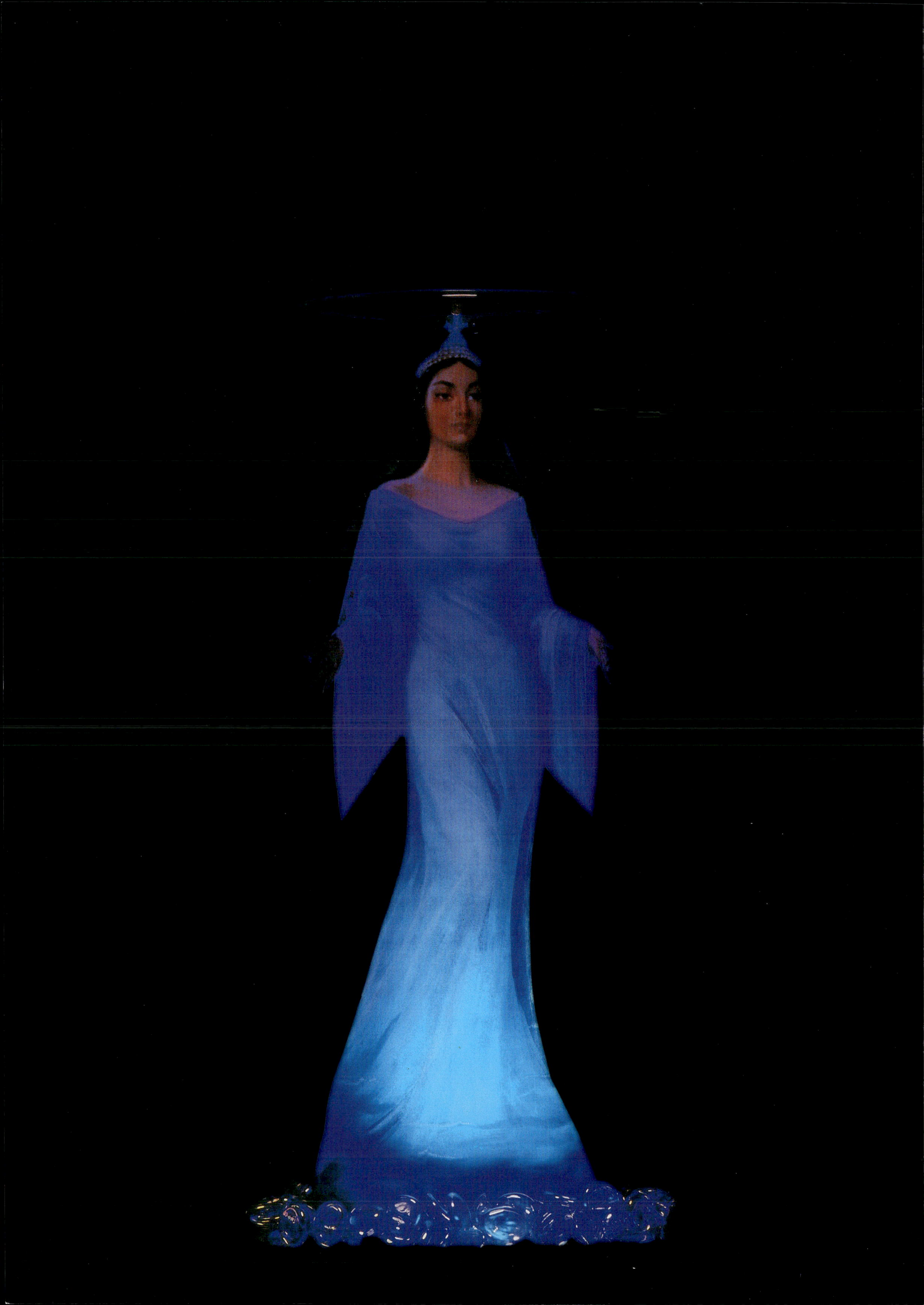

Rosa Magalhães
Morena do Mar

Morena do Mar
(Dorival Caymmi)

Ô morena do mar
Oi eu, morena do mar
Ô morena do mar
Sou eu que acabei de chegar
Ô morena do mar
Eu disse que ia voltar
Ai, eu disse que ia chegar
Cheguei

Para te agradar
Ai, eu trouxe os peixinhos do mar
Morena
Para te enfeitar
Eu trouxe as conchinhas do mar
As estrelas do céu
Morena
As estrelas do mar
Ai, as pratas e os ouros
De Iemanjá

carpintaria Arapuã Santiago
forração Penha Maria Lima
foto Rodrigo Lopes

Speto
Maracangalha

Maracangalha
(Dorival Caymmi)

Eu vou pra Maracangalha
Eu vou
Eu vou de uniforme branco
Eu vou
Eu vou de chapéu de palha
Eu vou
Eu vou convidar Anália
Eu vou

Se Anália não quiser ir
Eu vou só
Eu vou só
Eu vou só
Se Anália não quiser ir
Eu vou só
Eu vou só
Eu vou só sem Anália
Mas eu vou

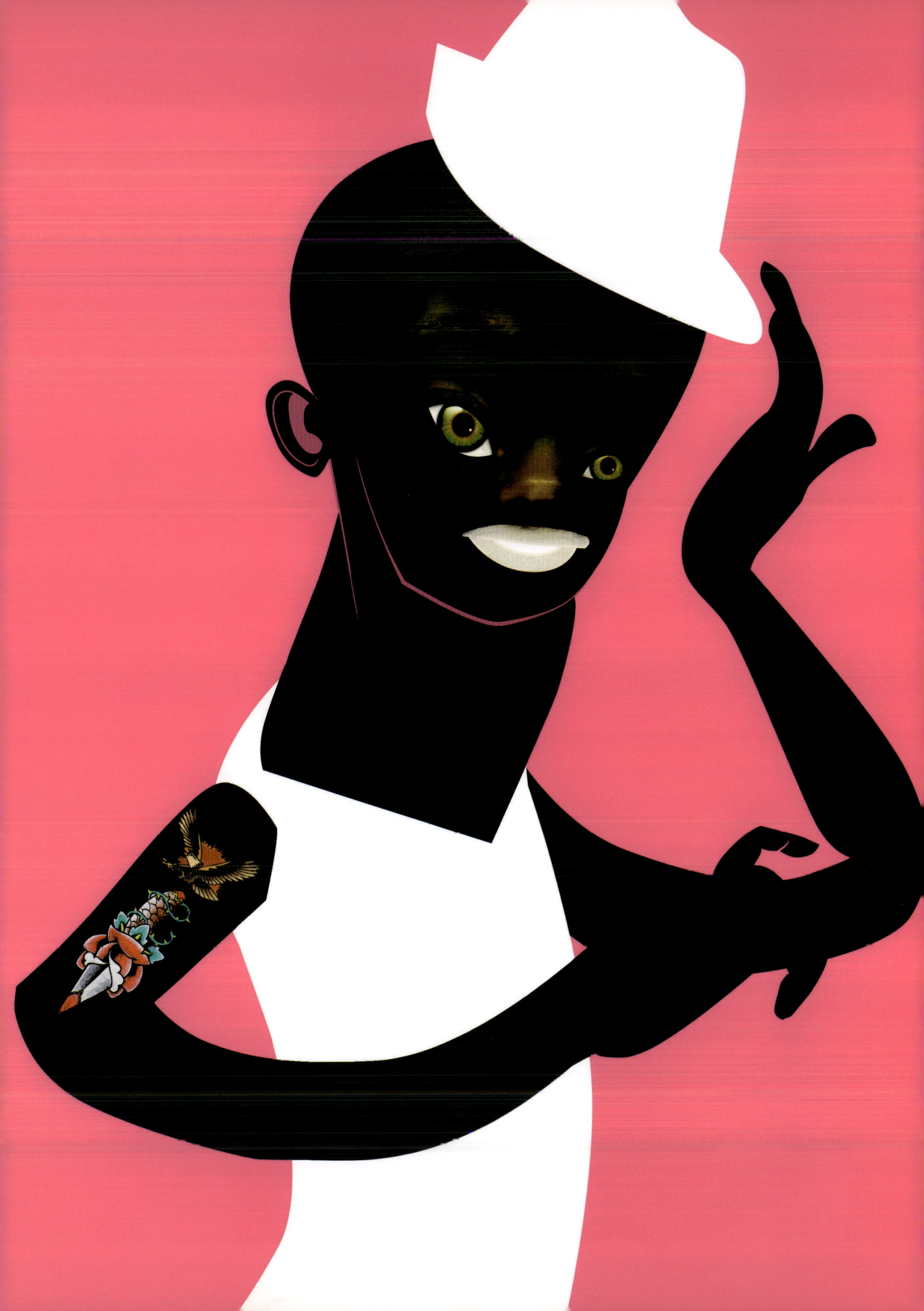

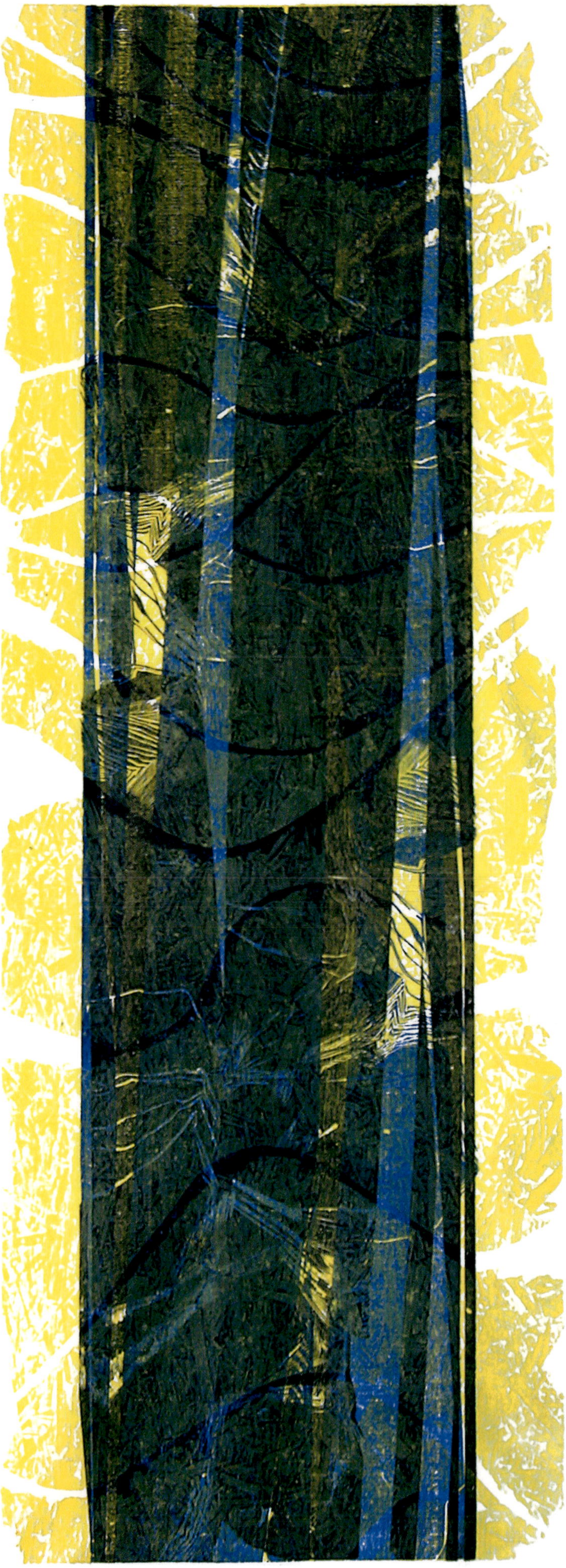

Maria Bonomi
Sábado em Copacabana

Sábado em Copacabana
(Dorival Caymmi / Carlos Guinle)

Um bom lugar para encontrar
Copacabana
Pra passear à beira-mar
Copacabana
Depois um bar à meia-luz
Copacabana
Eu esperei por essa noite
Uma semana

Um bom jantar, depois dançar
Copacabana
Para se amar, um só lugar
Copacabana
A noite passa tão depressa
Mas vou voltar, se pra semana
Eu encontrar um novo amor
Copacabana

Adalgisa
(Dorival Caymmi)

Adalgisa mandou dizer
Que a Bahia tá viva ainda lá
Que a Bahia tá viva ainda lá
Que a Bahia tá viva ainda lá

Com a graça de Deus ainda lá
Que a Bahia tá viva ainda lá
Que a Bahia tá viva ainda lá
Que a Bahia tá viva ainda lá

Que nada mudou ainda lá
Que a Bahia tá viva ainda lá
Que a Bahia tá viva ainda lá
Que a Bahia tá viva ainda lá

O meu candomblé ainda lá
Que a Bahia tá viva ainda lá
Que a Bahia tá viva ainda lá
Que a Bahia tá viva ainda lá

O meu afoxé ainda lá
Que a Bahia tá viva ainda lá
Que a Bahia tá viva ainda lá
Que a Bahia tá viva ainda lá

Ana Soter (página seguinte) *agradecimentos* Teresa Baiana, Cesar Barreto e H2A

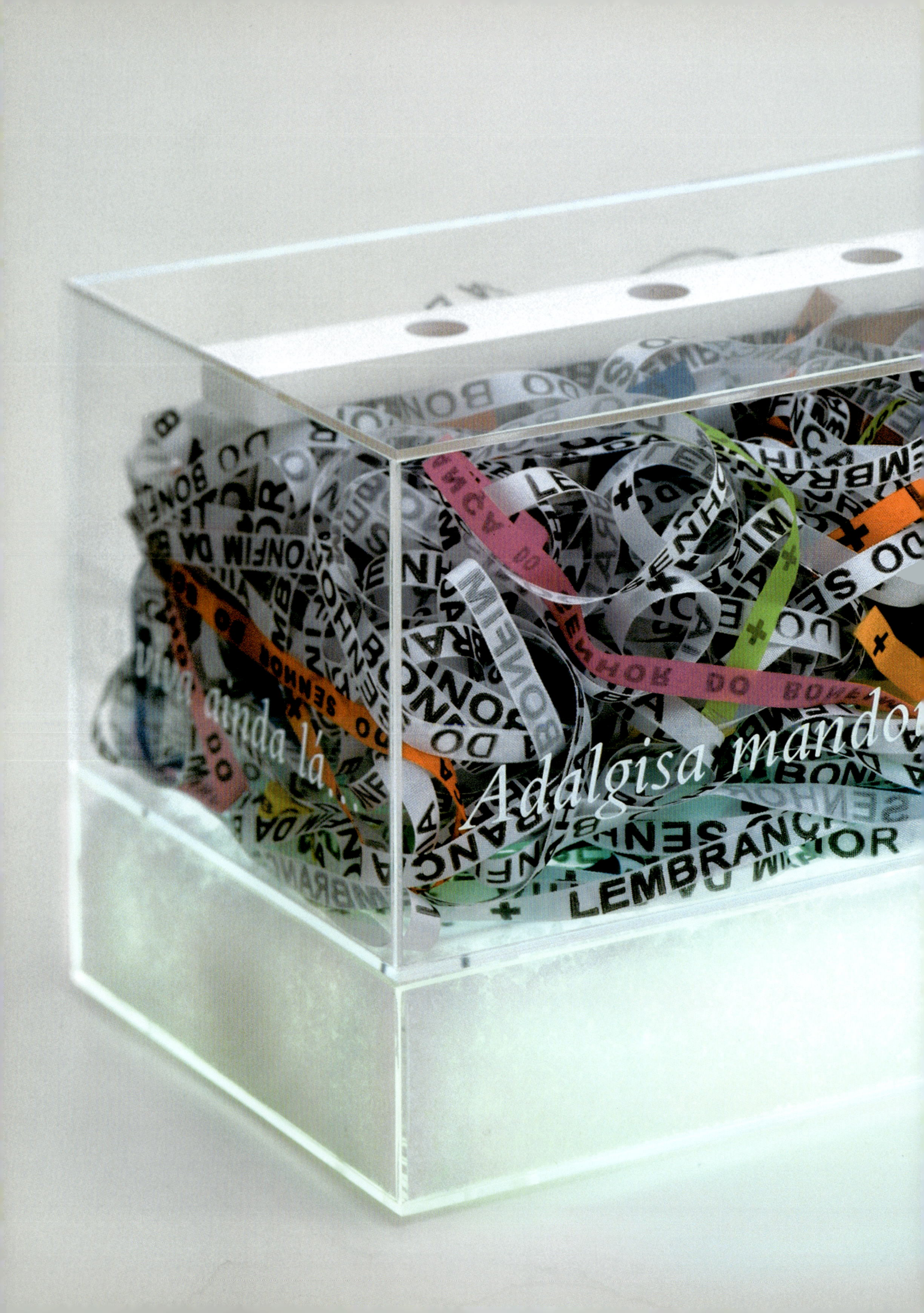
viva ainda lá...
Adalgisa mando

Ana Soter
Adalgisa

Tuca Reinés
João Valentão

João Valentão
(Dorival Caymmi)

João Valentão é brigão
Pra dar bofetão
Não presta atenção
E nem pensa na vida
A todos João intimida
Faz coisa que até Deus duvida
Mas tem seu momento na vida

É quando o sol vai quebrando
Lá pro fim do mundo pra noite chegar
É quando se ouve mais forte
O ronco das ondas na beira do mar
É quando o cansaço da lida da vida
Obriga João se sentar
É quando a morena se encolhe
Se chega pro lado querendo agradar

Se a noite é de lua
A vontade é contar mentira
É se espreguiçar
Deitar na areia da praia
Que acaba onde a vista não pode alcançar
E assim adormece esse homem
Que nunca precisa dormir pra sonhar
Porque não há sonho mais lindo
Do que sua terra
Não há

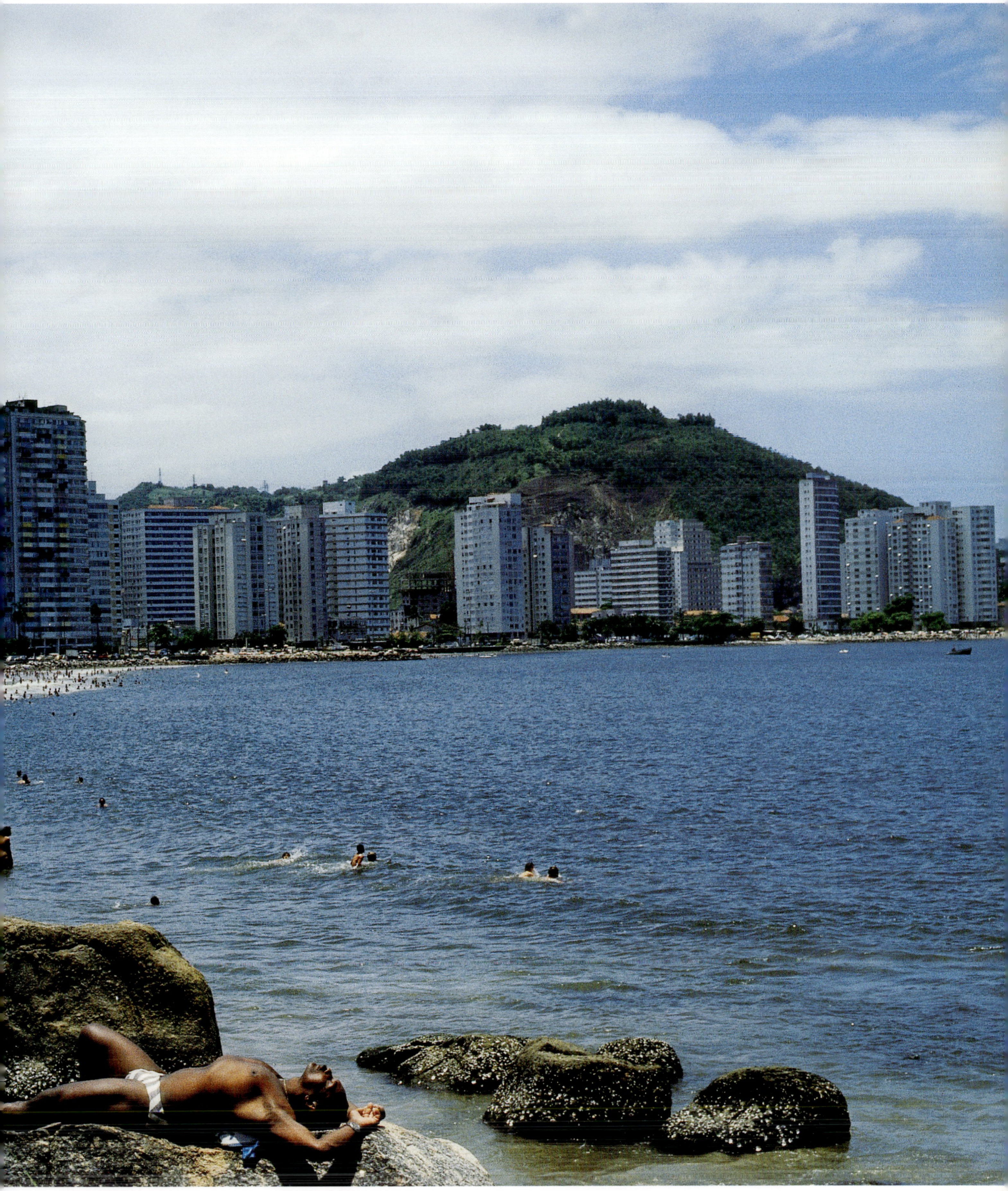

Michel Groisman
Peguei Um Ita no Norte

Peguei Um Ita no Norte
(Dorival Caymmi)

Peguei um Ita no Norte
E vim pro Rio morar
Adeus, meu pai, minha mãe
Adeus, Belém do Pará

Tô há bem tempo no Rio
Nunca mais voltei por lá
Pro mês intera dez anos
Adeus, Belém do Pará

Ai, ai
Ai, ai
Adeus, Belém do Pará

Vendi meus troços que eu tinha
O resto eu dei pra guardar
Talvez eu volte pro ano
Talvez eu fique por lá

Mamãe me deu um conselho
Na hora d'eu embarcar:
Meu filho, ande direito
Que é pra Deus lhe ajudar

fotos Rudy Hühold
apoio Bolsa RioArte

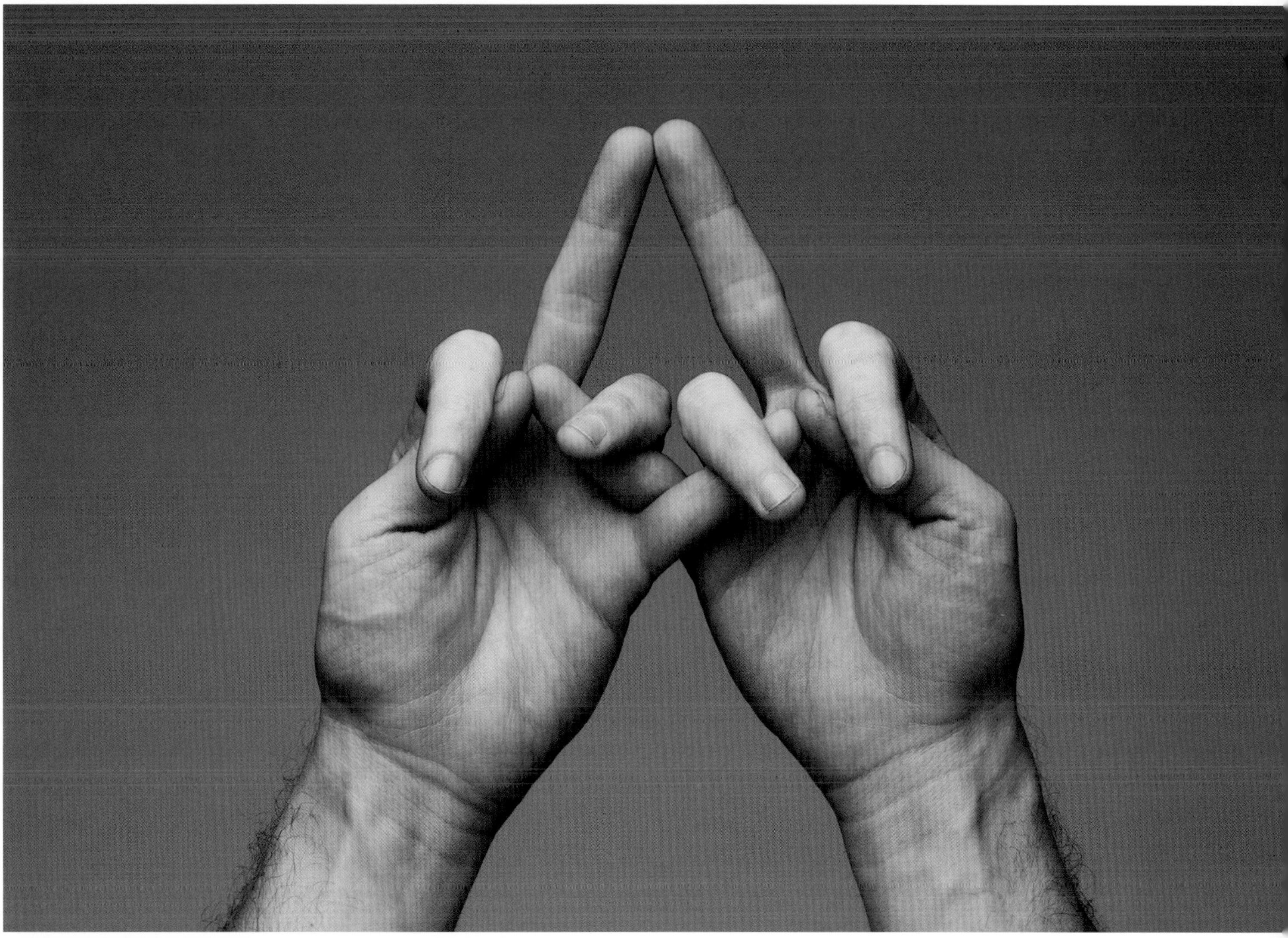

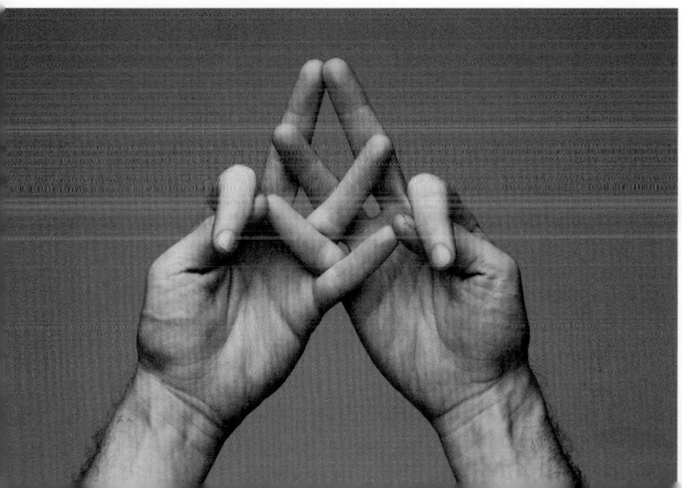

Você Já Foi à Bahia?
(Dorival Caymmi)

Você já foi à Bahia, nega?
Não?
Então vá!
Quem vai ao Bonfim, minha nega
Nunca mais quer voltar
Muita sorte teve
Muita sorte tem
Muita sorte terá
Você já foi à Bahia, nega?
Não?
Então vá!

Lá tem vatapá!
Então vá!
Lá tem caruru!
Então vá!
Lá tem mungunzá!
Então vá!
Se quiser sambar
Então vá!

Nas sacadas dos sobrados
Da velha São Salvador
Há lembranças de donzelas
Do tempo do Imperador

Tudo, tudo na Bahia
Faz a gente querer bem
A Bahia tem um jeito
Que nenhuma terra tem

Mario Bag
Você Já Foi à Bahia?

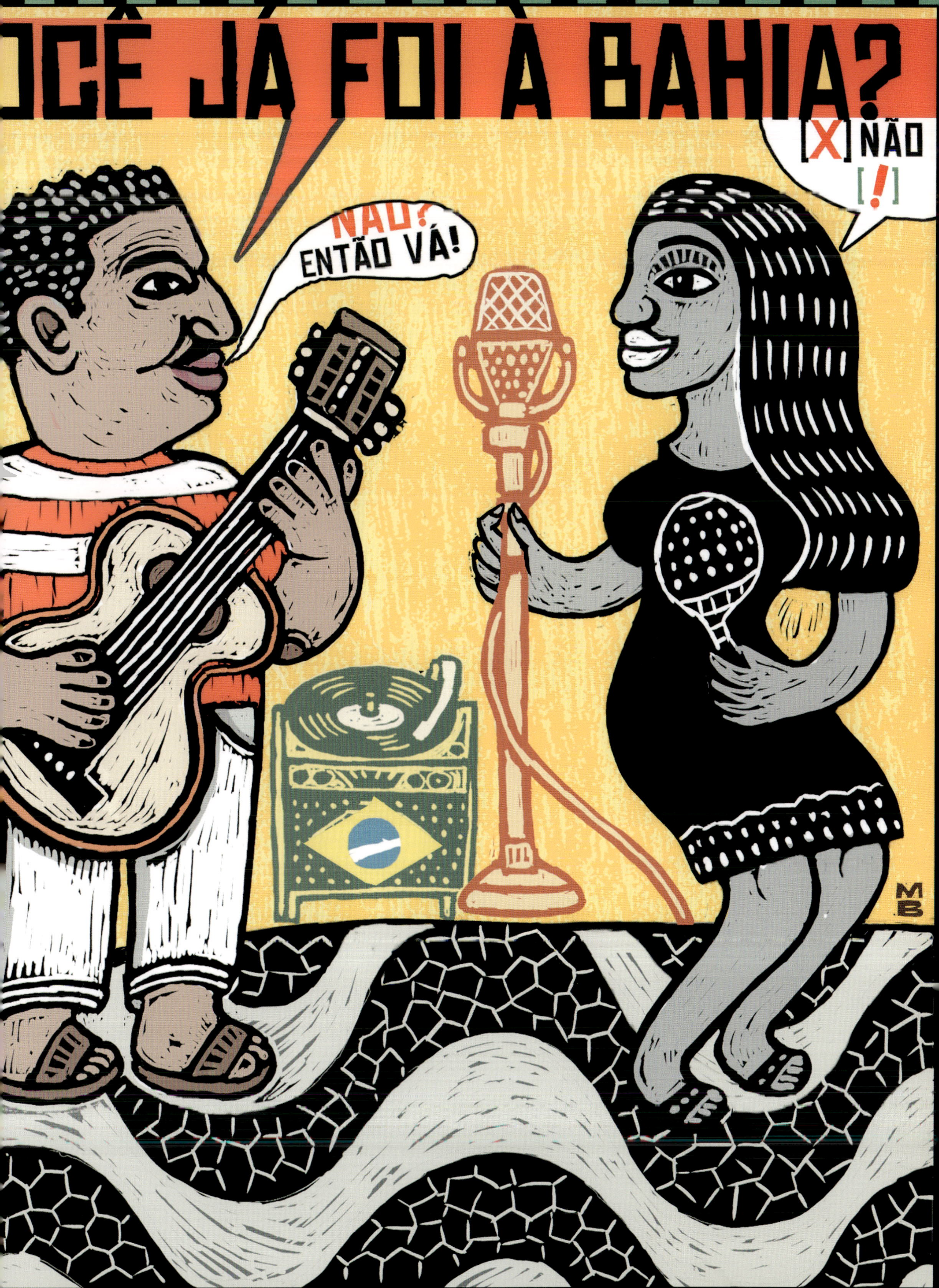
OCÊ JÁ FOI À BAHIA?
NÃO?
ENTÃO VÁ!
[X] NÃO
[!]
MB

Ana Laet
Mãe Stella

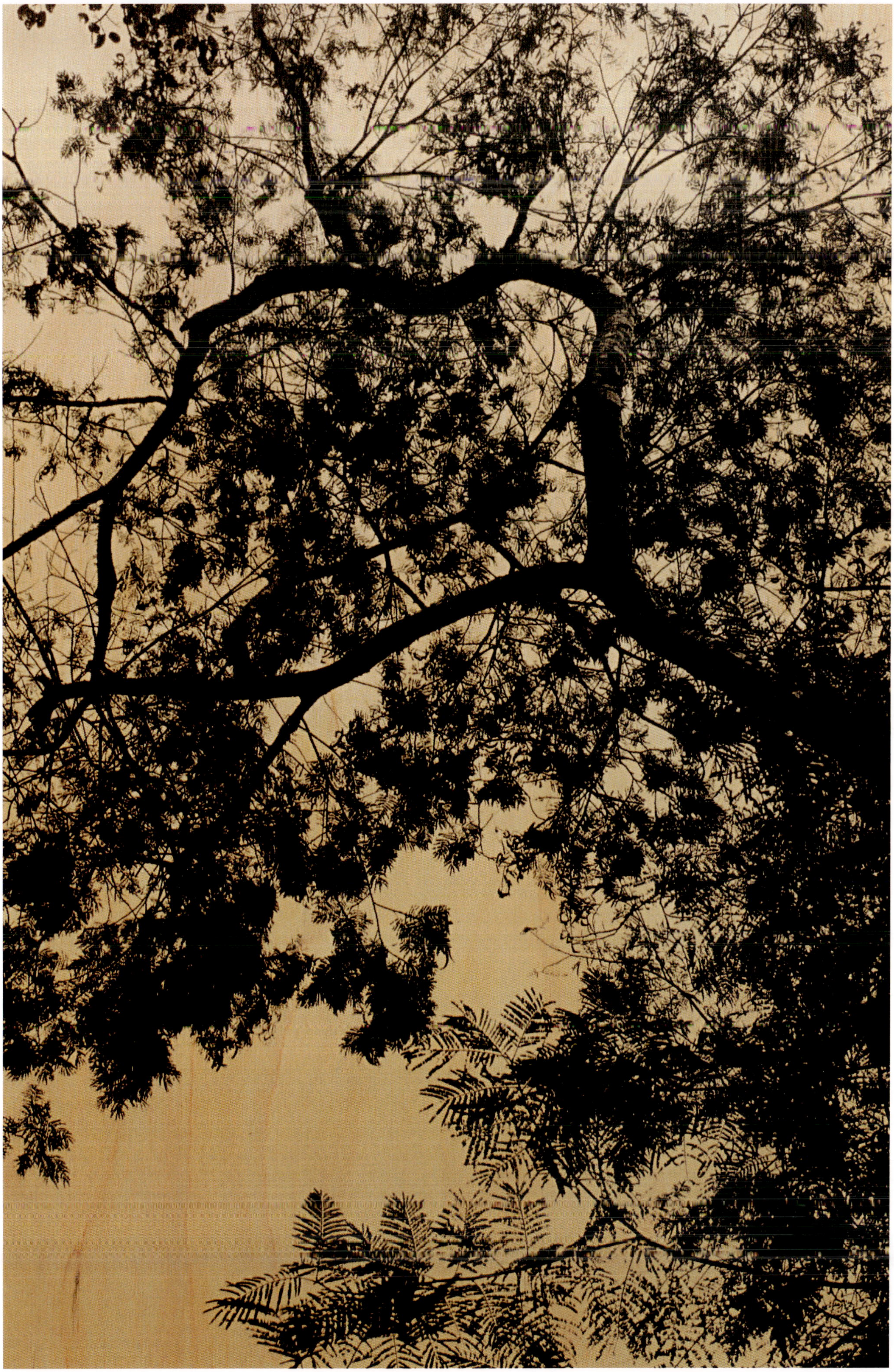

Luiz Aquila
Acontece Que Eu Sou Baiano

Acontece Que Eu Sou Baiano
(Dorival Caymmi)

Acontece que eu sou baiano
Acontece que ela não é

Mas tem um requebrado pro lado
Minha Nossa Senhora!
Meu Senhor São José!
Tem um requebrado pro lado
Minha Nossa Senhora!
E ninguém sabe o que é

Há tanta mulher no mundo
Só não casa quem não quer
Por que é que eu vim de longe
Pra gostar dessa mulher?

Essa que tem um requebrado pro lado
Minha Nossa Senhora!
Meu Senhor São José!
Essa que tem um requebrado pro lado
Minha Nossa Senhora!
E ninguém sabe o que é

Já plantei na minha porta
Um pezinho de guiné
Já chamei um pai-de-santo
Pra benzer essa mulher

Mãe Stella
(Dorival Caymmi / Danilo Caymmi)

Rio que corta a mata
Mata da vista se perder
Mata que dá di um tudo
Dá di cumê e di bebê
Dá di cumê e di bebê
Dá di cumê e di bebê

Ali no meio da mata
O orixá caçador
A lua da cor de prata
Meu caminho iluminou
Na roça minha mãe me disse
Meu filho esse é teu orixá
Orixá que te acompanha
É Oxossi nosso pai

Stella, mãe Stella, mãe Stella
Do axé opô afonjá
Stella, mãe Stella, mãe Stella

Orixá que é dono dela
É Oxossi nosso pai

Ana Laet (página anterior)

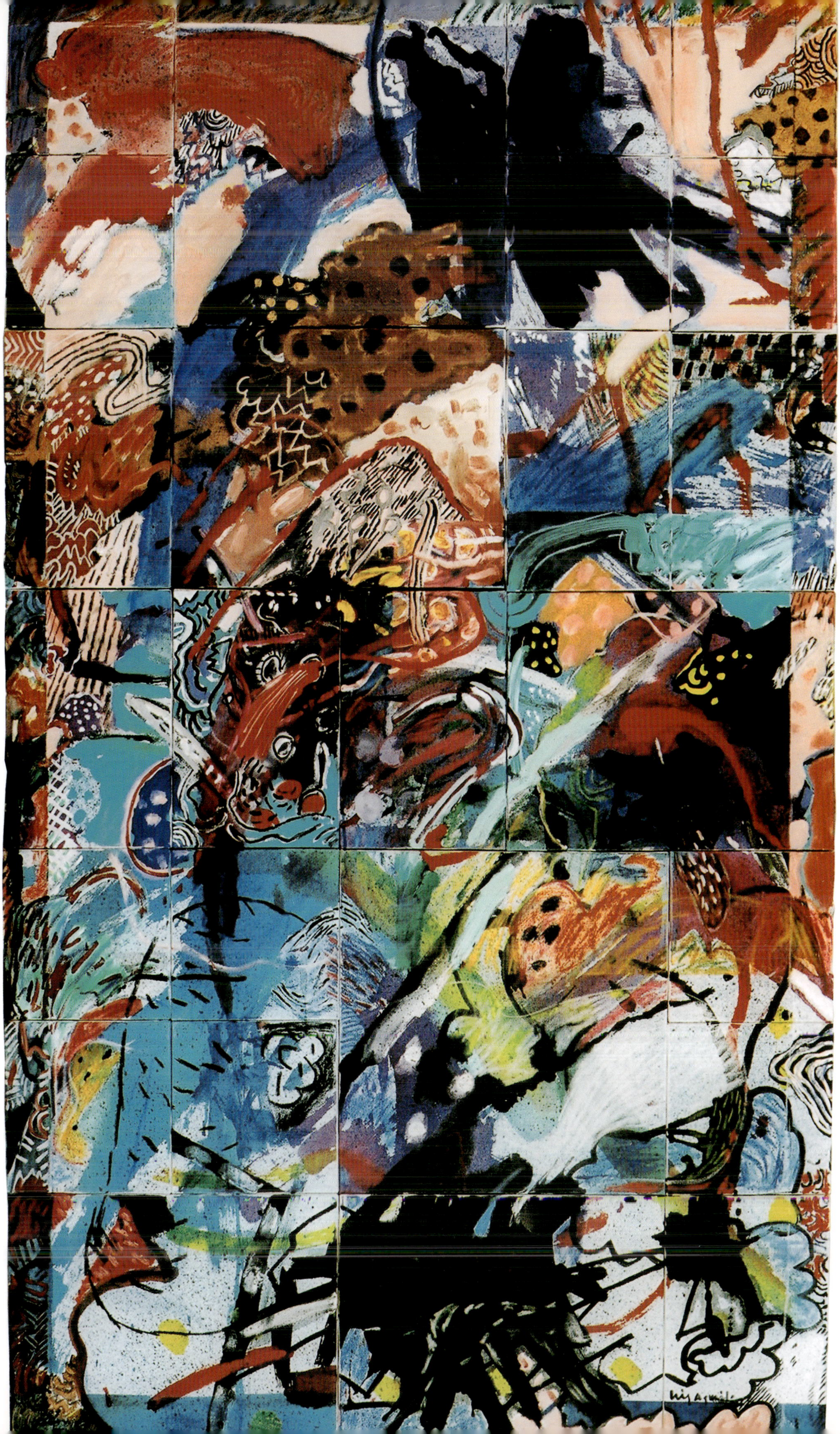

Rafael Garcia
Cantiga de Noiva

Cantiga de Noiva
(Dorival Caymmi)

É tão triste ver partir
Alguém que a gente quer
Com tanto amor
E suportar a agonia
De esperar voltar
Viver olhando o céu e o mar
A incerteza a torturar
A gente fica só
Tão só
É triste esperar

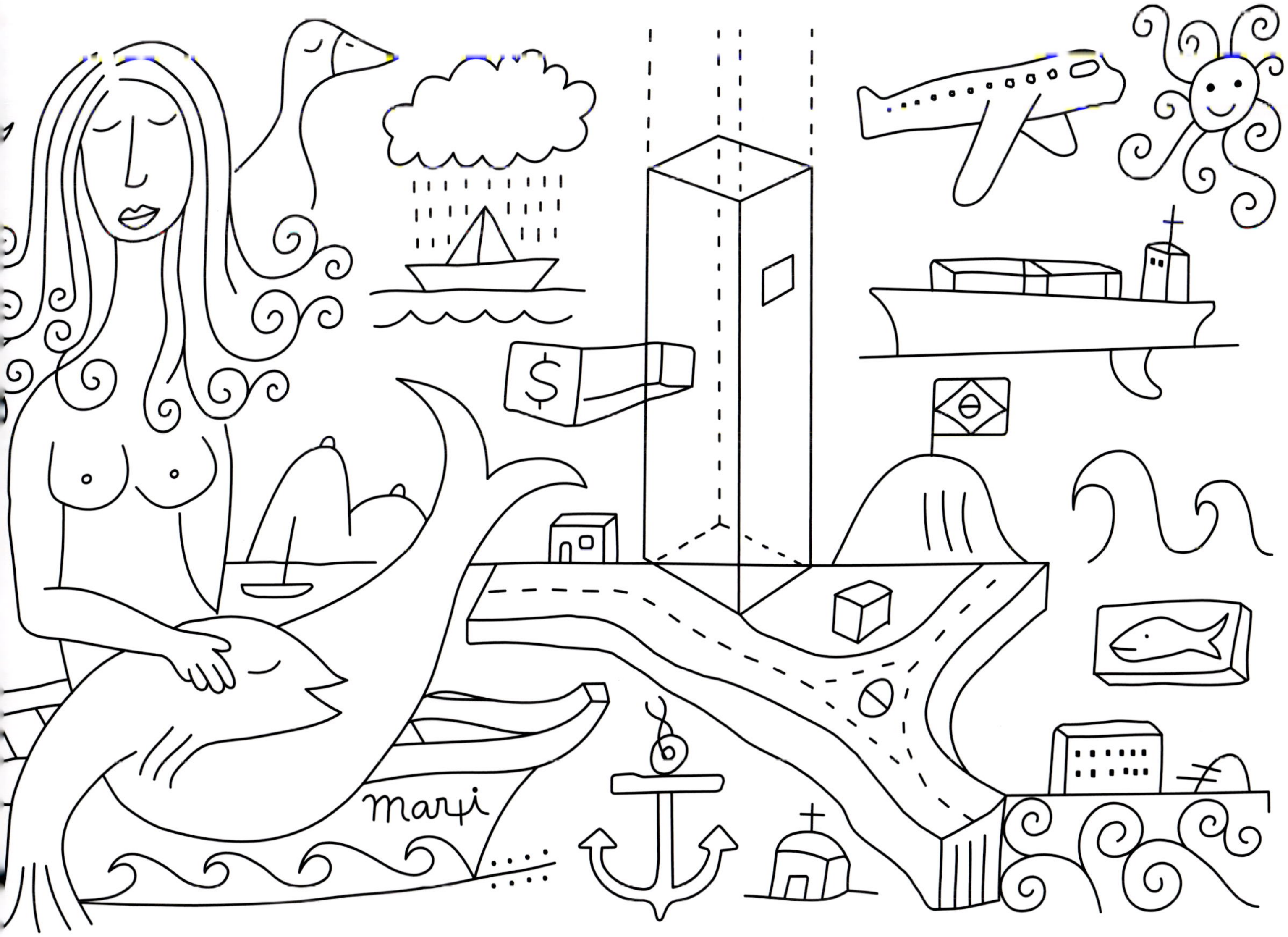
marpi

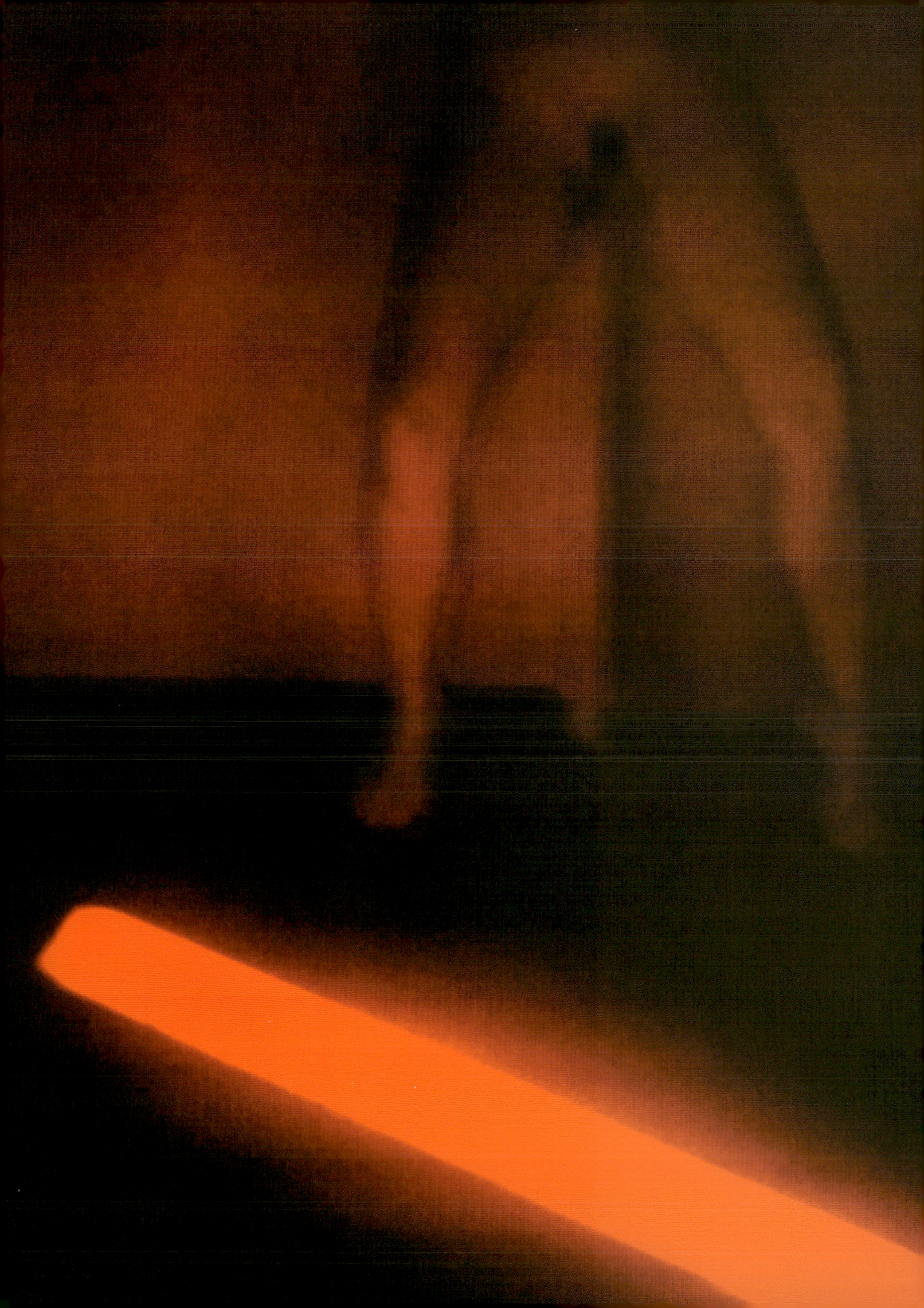

Rodrigo Lopes
Acalanto

Acalanto
(Dorival Caymmi)

É tão tarde
A manhã já vem
Todos dormem
A noite também
Só eu velo
Por você, meu bem
Dorme, anjo
O boi pega neném

Lá no céu
Deixam de cantar
Os anjinhos
Foram se deitar
Mamãezinha
Precisa descansar
Dorme, anjo
Papai vai lhe ninar

Boi, boi, boi
Boi da cara preta
Pegue essa menina
Que tem medo de careta

Guilherme Zamoner
Fiz Uma Viagem

Fiz Uma Viagem
(Dorival Caymmi)

Eu fiz uma viagem
A qual foi pequenininha
Eu saí dos Olhos d'Água
Fui até Alagoinha
Agora, colega, veja
Como carregado eu vinha
Trazia a minha nega
E também minha filhinha
Trazia o meu tatu-bola
Filho do tatu-bolinha
Trazia o meu facão
Com todo o aço que tinha
Vinte couros de boi manso
Só no bocal da bainha
Trazia uma capoeira
Com quatrocentas galinha
Vinte sacos de feijão
E trinta sacos de farinha

Mas a sorte desandou
Quando eu cheguei em Alagoinha
Bexiga deu na nega
Catapora na filhinha
Morreu o meu tatu-bola
Filho do tatu-bolinha
Roubaram o meu facão
Com todo o aço que tinha
Vinte couros de boi manso
Só no bocal da bainha
Morreu minha capoeira
Das quatrocentas galinha
Gorgulho deu no feijão, colega
E o mofo deu na farinha

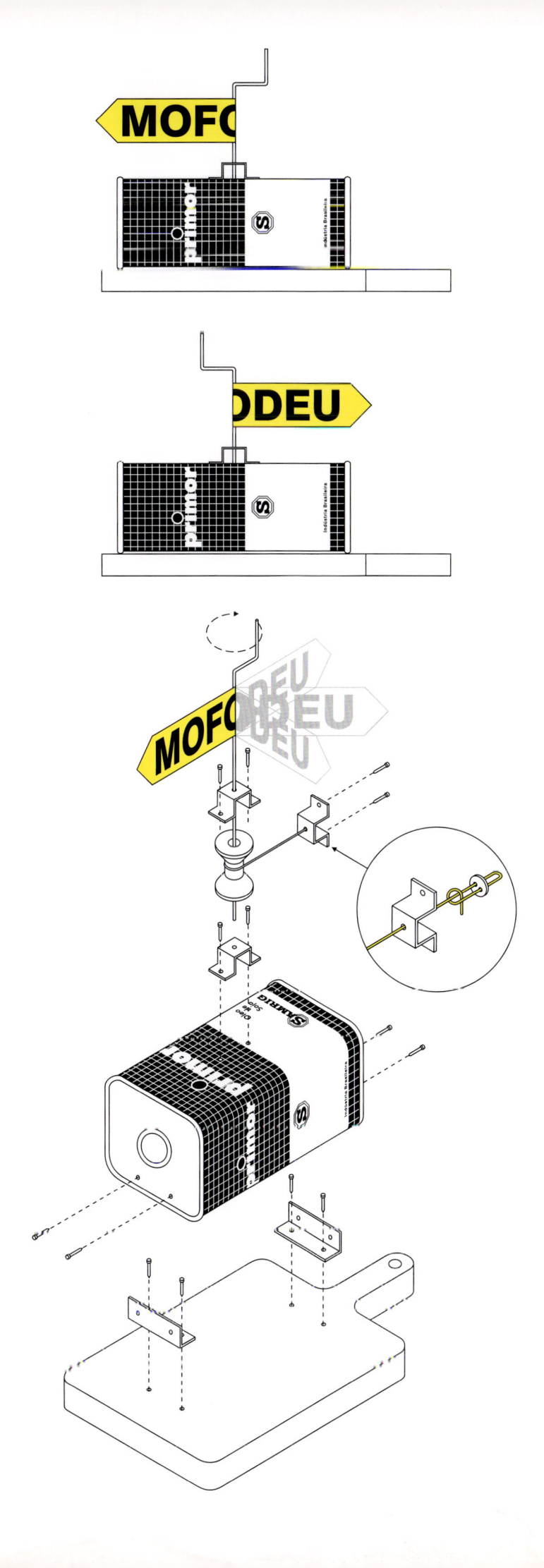

LISTA DOS MATERIAIS
RAIO DE BICICLETA
CARRETEL DE LINHA
ELÁSTICO
BOTÃO DE ROUPA
LATA DE AZEITE
OUTRA LATA (PARA A PLAQUINHA)
OUTRA LATA (PARA AS CANTONEIRAS)
TÁBUA DE CARNE
PARAFUSOS
MARTELO
ALICATE
CHAVE DE FENDA

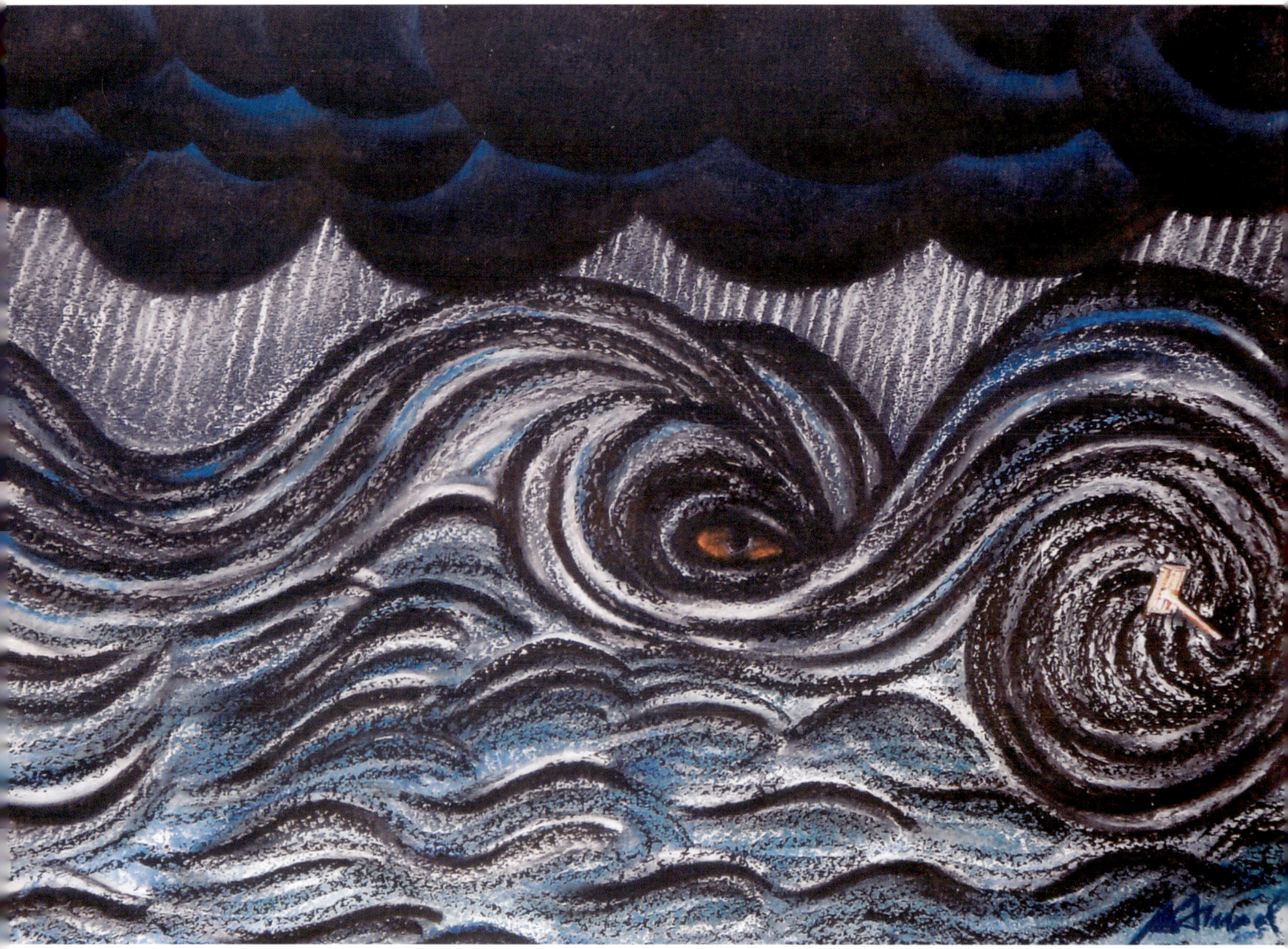

Antonio Henrique Amaral
Noite de Temporal

Noite de Temporal
(Dorival Caymmi)

É noite
É noite

Ê lamba ê
Ê lambaio

Pescador, não vá pra pesca
Pescador, não vá pescar
Pescador, não vá pra pesca
Que é noite de temporal

Pescador, se vai pra pesca
Na noite de temporal
A mãe se senta na areia
Esperando ele vortá

Gringo Cardia (página seguinte)

Só Louco
(Dorival Caymmi)

Só louco
Amou como eu amei
Só louco
Quis o bem que eu quis

Oh, insensato coração
Por que me fizeste sofrer?
Porque, de amor, pra entender
É preciso amar
Porque

Gringo Cardia
Só Louco

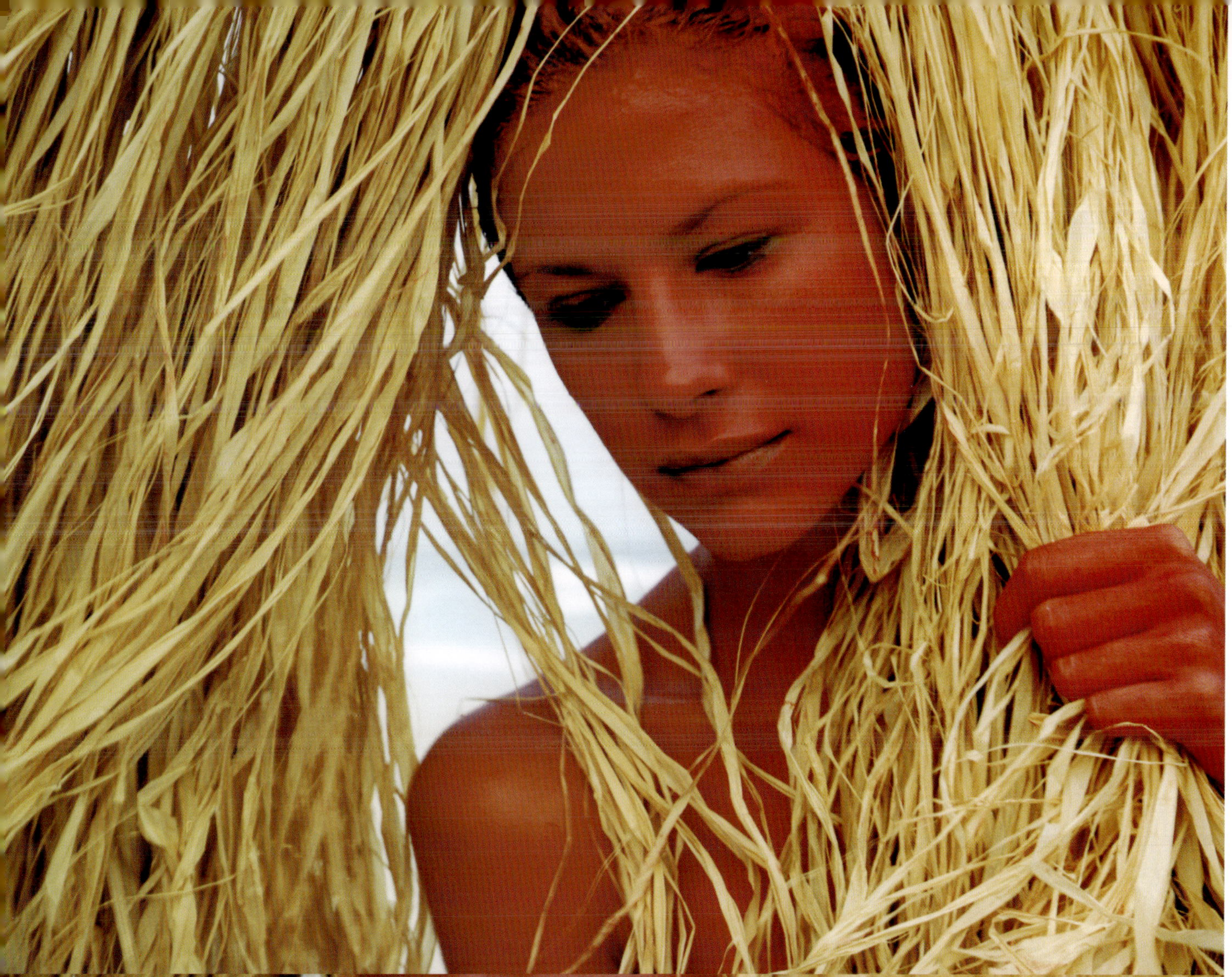
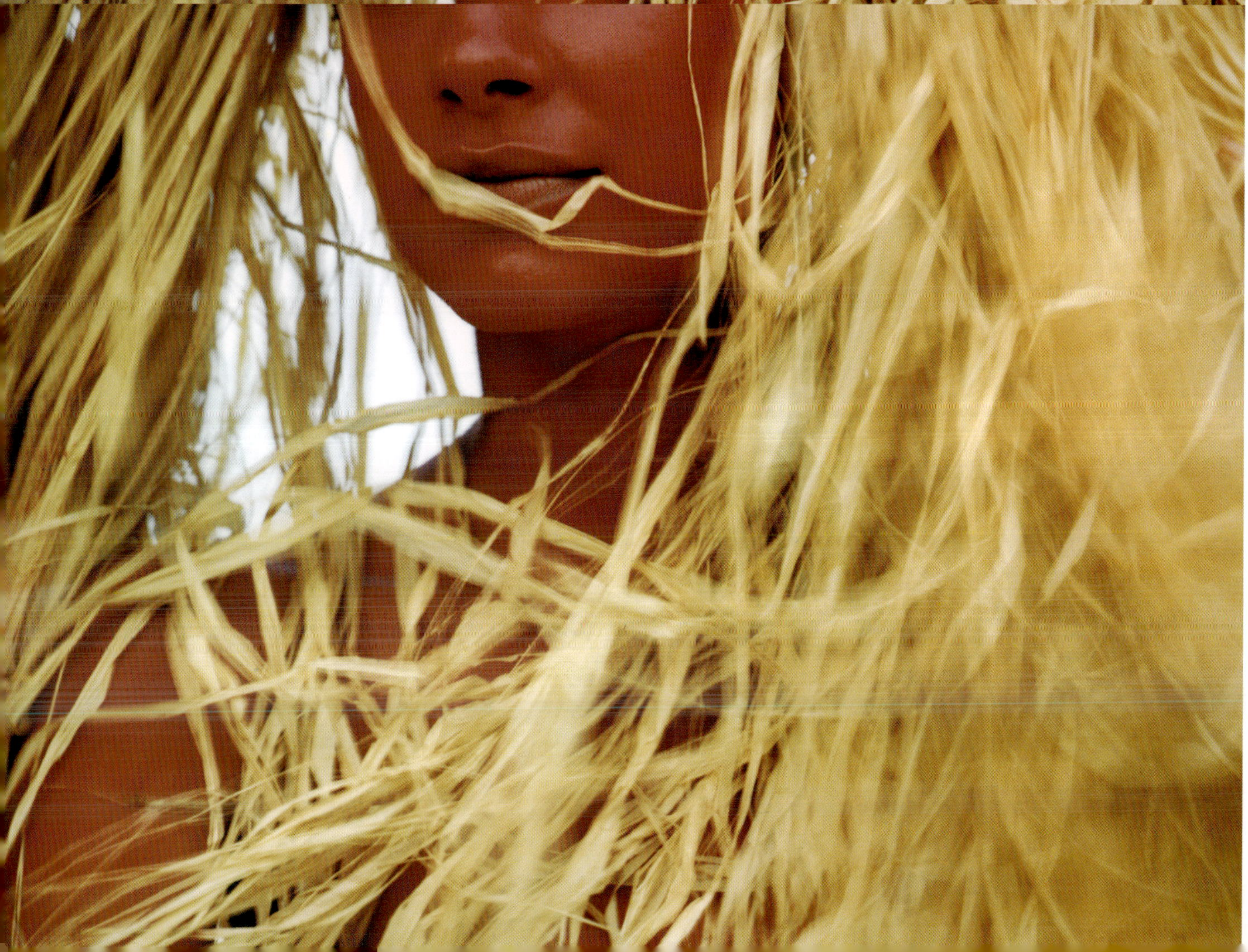

Luiz Ernesto
Eu Cheguei Lá

Eu Cheguei Lá
(Dorival Caymmi)

Eu cheguei lá
Mas me esqueci
Do que ia dizer
Do que ia falar
Eu cheguei lá
Eu cheguei lá

Maria Amélia
Eu passei toda noite sonhando
Maria Amélia
Eu passei toda noite pensando
Lindas palavras que eu preparei pra lhe dizer
Mas me esqueci
Mas me esqueci

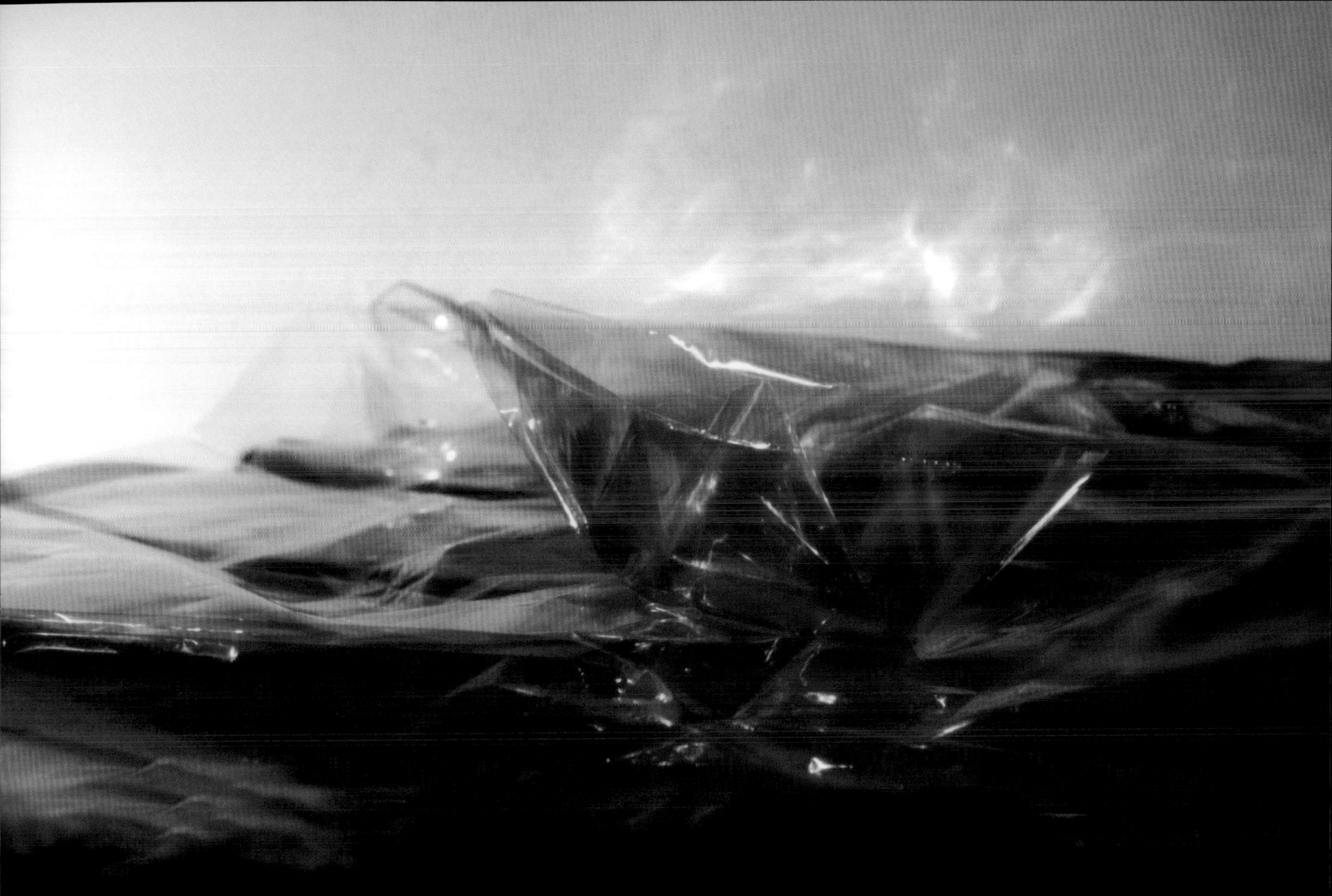

Zeca Fonseca
Das Rosas

Das Rosas
(Dorival Caymmi)

Nada como ser rosa na vida
Rosa mesmo ou mesmo Rosa mulher
Todos querem muito bem à rosa
Quero eu, todo mundo também quer
Um amigo meu disse que em samba
Canta-se melhor flor e mulher
E eu que tenho rosas como tema
Canto no compasso que quiser

Rosas, rosas, rosas
Rosas formosas, são rosas de mim
Rosas a me confundir
Rosas a te confundir
Com as rosas, as rosas, as rosas de abril

Rosas, rosas, rosas
Rosas mimosas, são rosas de ti
Rosas a me confundir
Rosas a te confundir
Com as rosas, as rosas, as rosas de abril

Rosas a me confundir
Rosas a te confundir
São muitas, são tantas
São todas tão rosas
Rosas de abril

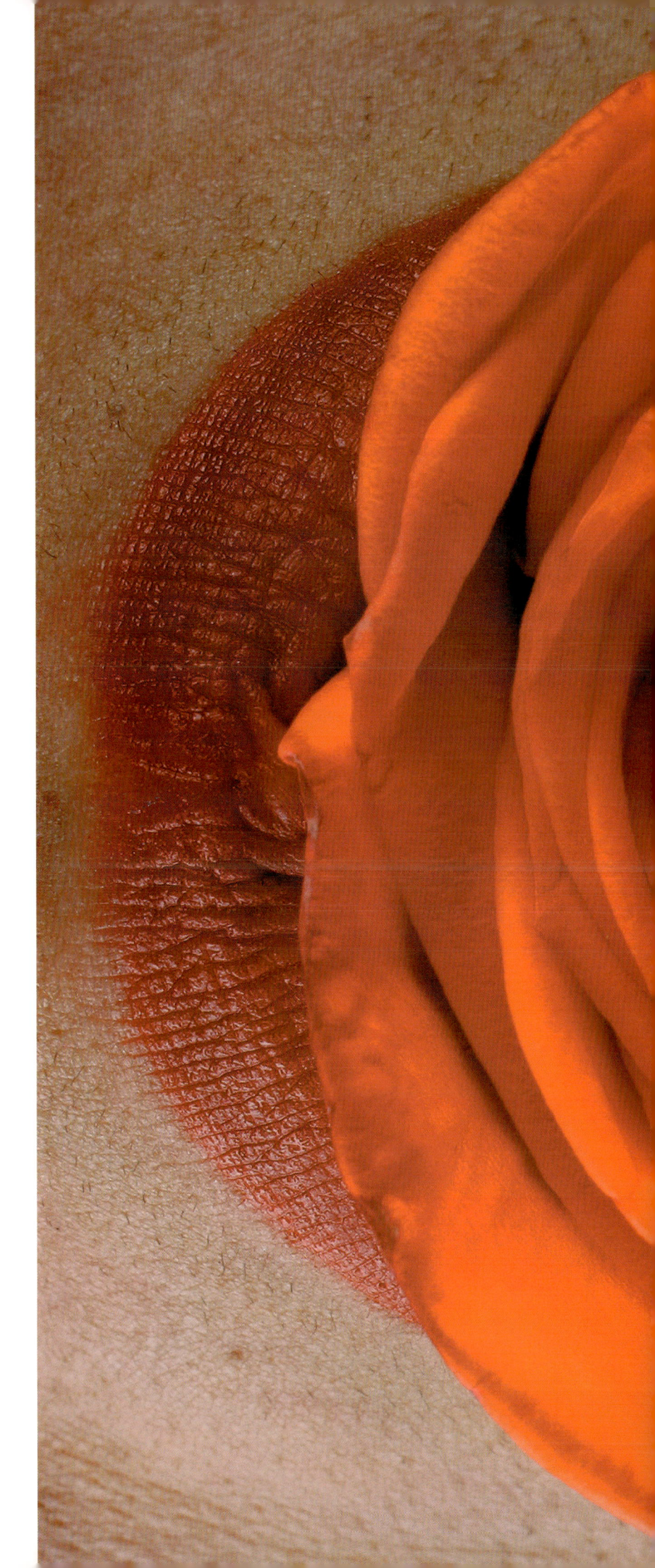

modelo Marília Passos
agradecimentos Carol Landrino

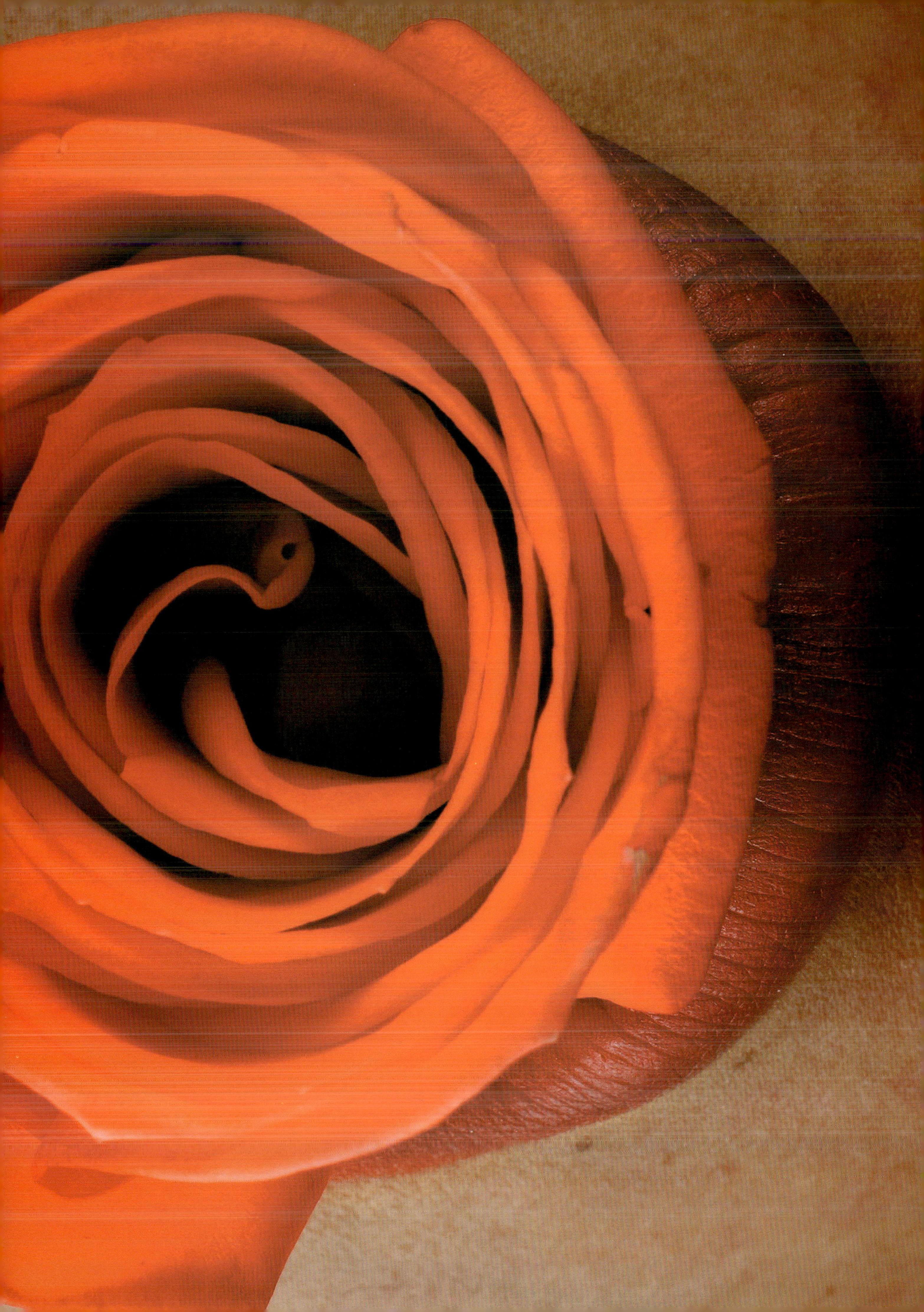

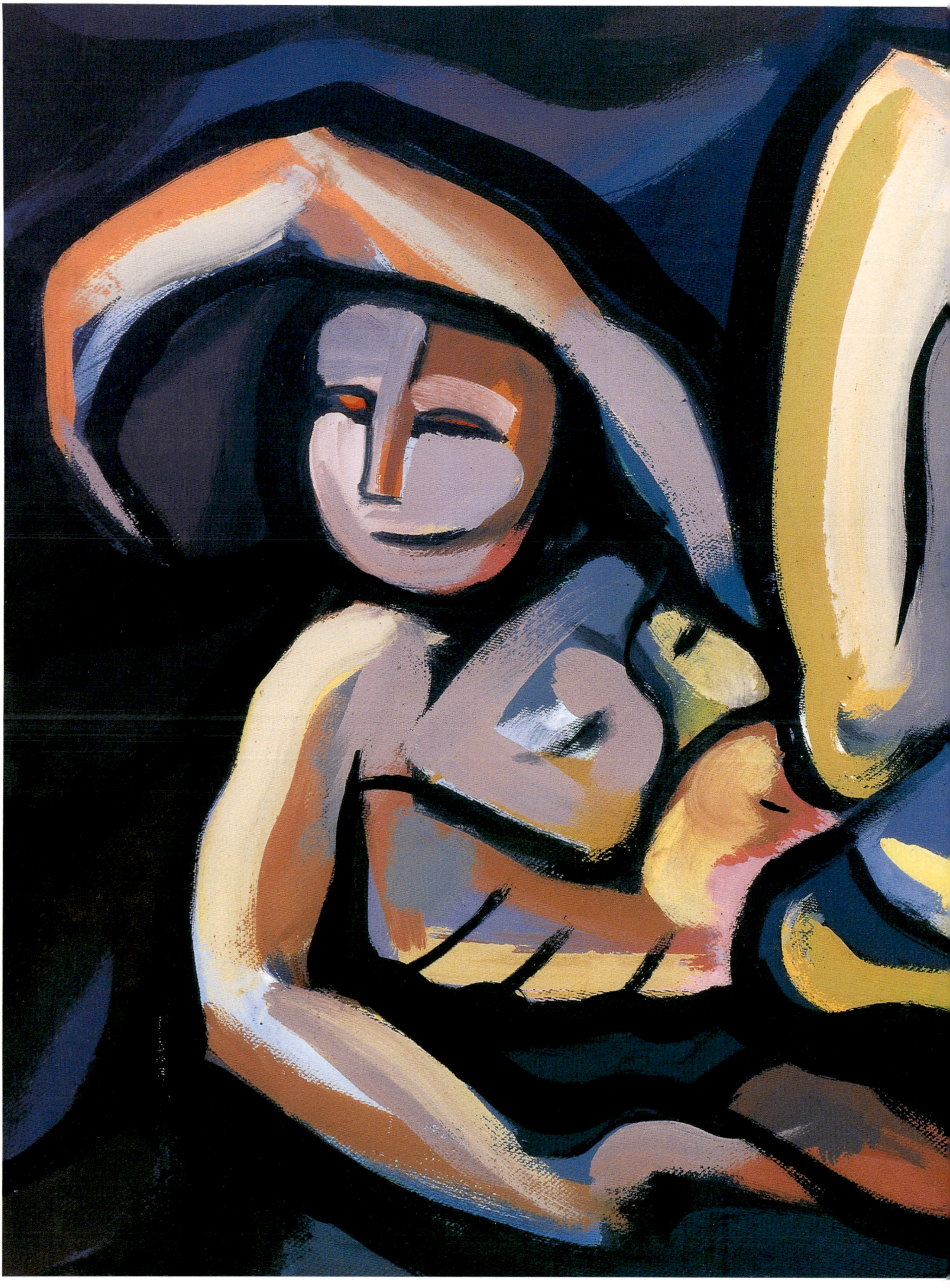

Mario Cravo Jr
A Vizinha do Lado

A Vizinha do Lado
(Dorival Caymmi)

A vizinha quando passa
Com seu vestido grená
Todo mundo diz que é boa
Mas como a vizinha não há
Ela mexe com as cadeiras
Pra cá
Ela mexe com as cadeiras
Pra lá
Ela mexe com o juízo
Do homem que vai trabalhar

Há um bocado de gente
Na mesma situação
Todo mundo gosta dela
Na mesma doce ilusão
A vizinha quando passa
Que não liga pra ninguém
Todo mundo fica louco
E o seu vizinho também

Andrucha Waddington
Dora

Dora
(Dorival Caymmi)

Os clarins da banda militar
Tocam para anunciar:
Sua Dora agora vai passar
Venham ver o que é bom!

Dora, rainha do frevo e do maracatu
Ninguém requebra nem dança melhor do que tu

Dora, rainha do frevo e do maracatu
Dora, rainha cafuza de um maracatu
Te conheci no Recife dos rios cortados de pontes
Dos bairros, das fontes coloniais

Dora! – chamei
Ô, Dora! Ô, Dora!
Eu vim à cidade pra ver meu bem passar
Ô, Dora
Agora
No meu pensamento eu te vejo
Requebrando pra cá
E ora pra lá
Meu bem

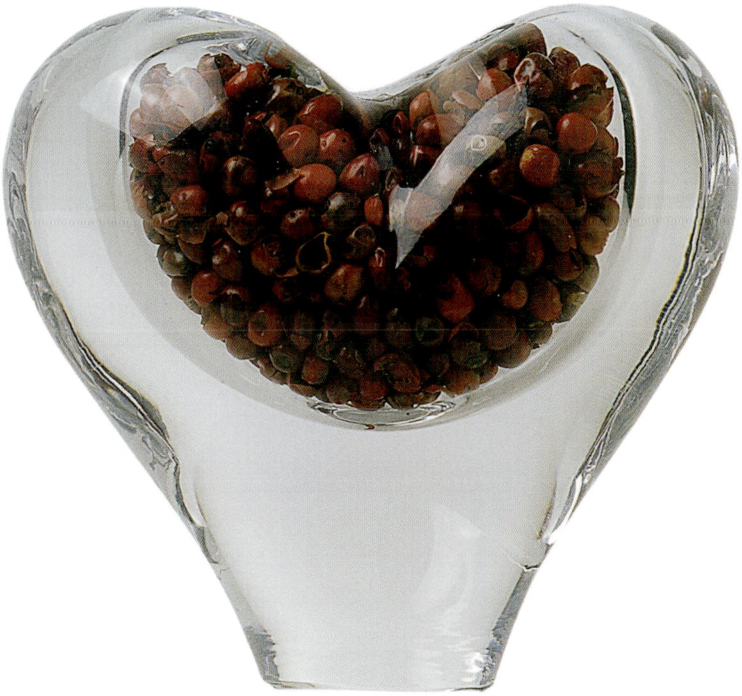

Rosa Morena
(Dorival Caymmi)

Rosa
Morena
Onde vais, morena Rosa?
Com essa rosa no cabelo
E esse andar de moça prosa?
Morena
Morena Rosa

Rosa Morena
O samba tá esperando
Esperando pra te ver
Deixa de parte essa coisa de dengosa
Anda, Rosa
Vem me ver
Deixa de lado essa pose
Vem pro samba, vem sambar
Que o pessoal tá cansado de esperar
Oh, Rosa!
Que o pessoal tá cansado de esperar

Renato Alarcão
Rosa Morena

VIVA CAYMMI
Rosa morena
vais morena Rosa com essa rosa no cabelo e esse andar de moça prosa Rosa Morena o samba tá esperando pra te ver Deixa de parte essa coisa de dengosa anda Rosa vem me ver
ALARCÃO

Carlito Carvalhosa
São Salvador

São Salvador
(Dorival Caymmi)

São Salvador
Bahia de São Salvador
A terra do Nosso Senhor
Pedaço de terra que é meu

São Salvador
Bahia de São Salvador
A terra do branco mulato
A terra do preto doutor

São Salvador
Bahia de São Salvador
A terra do Nosso Senhor
Do Nosso Senhor do Bonfim

Ô – Bahia
Bahia, cidade de São Salvador

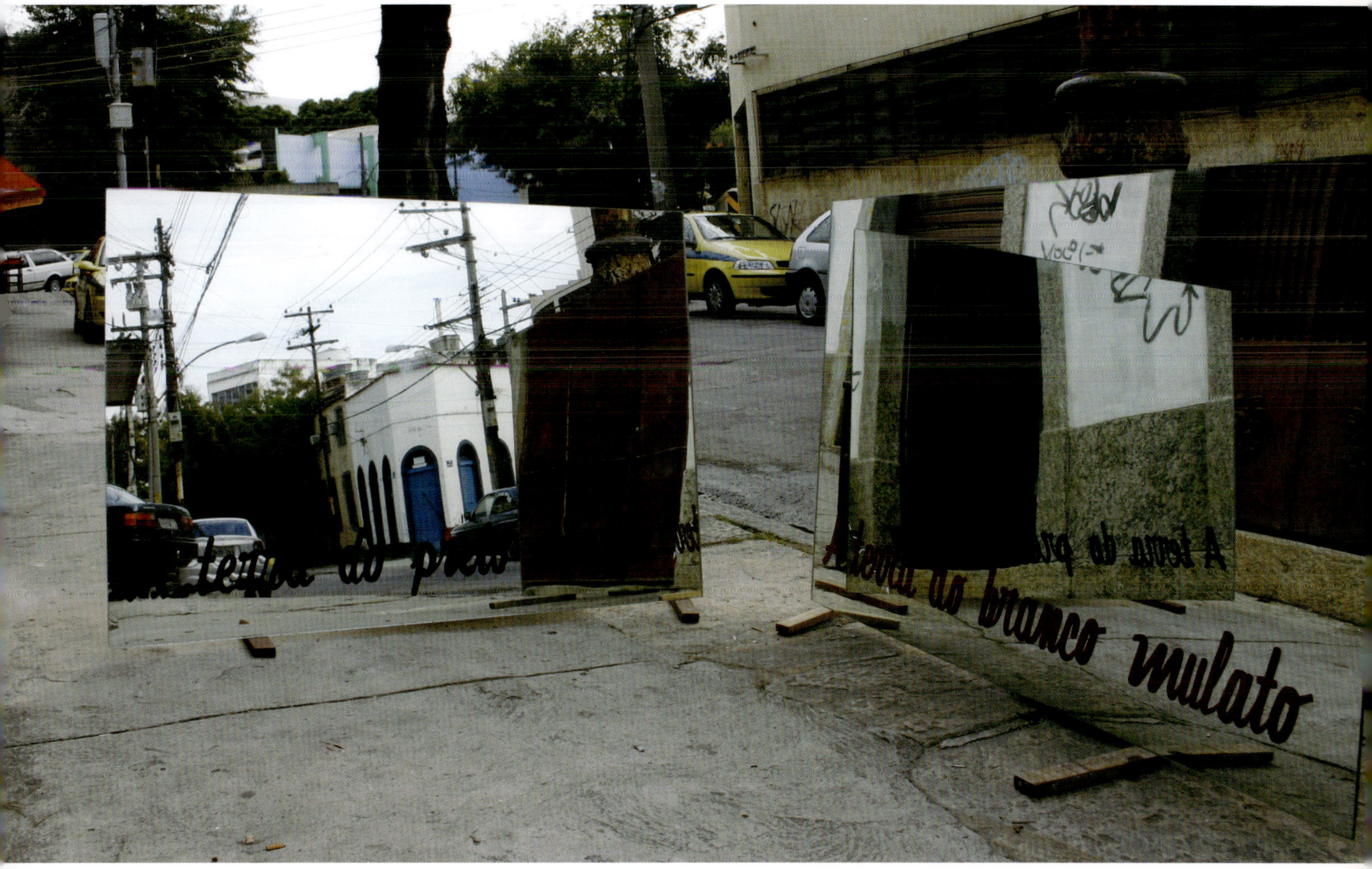
branco mulato

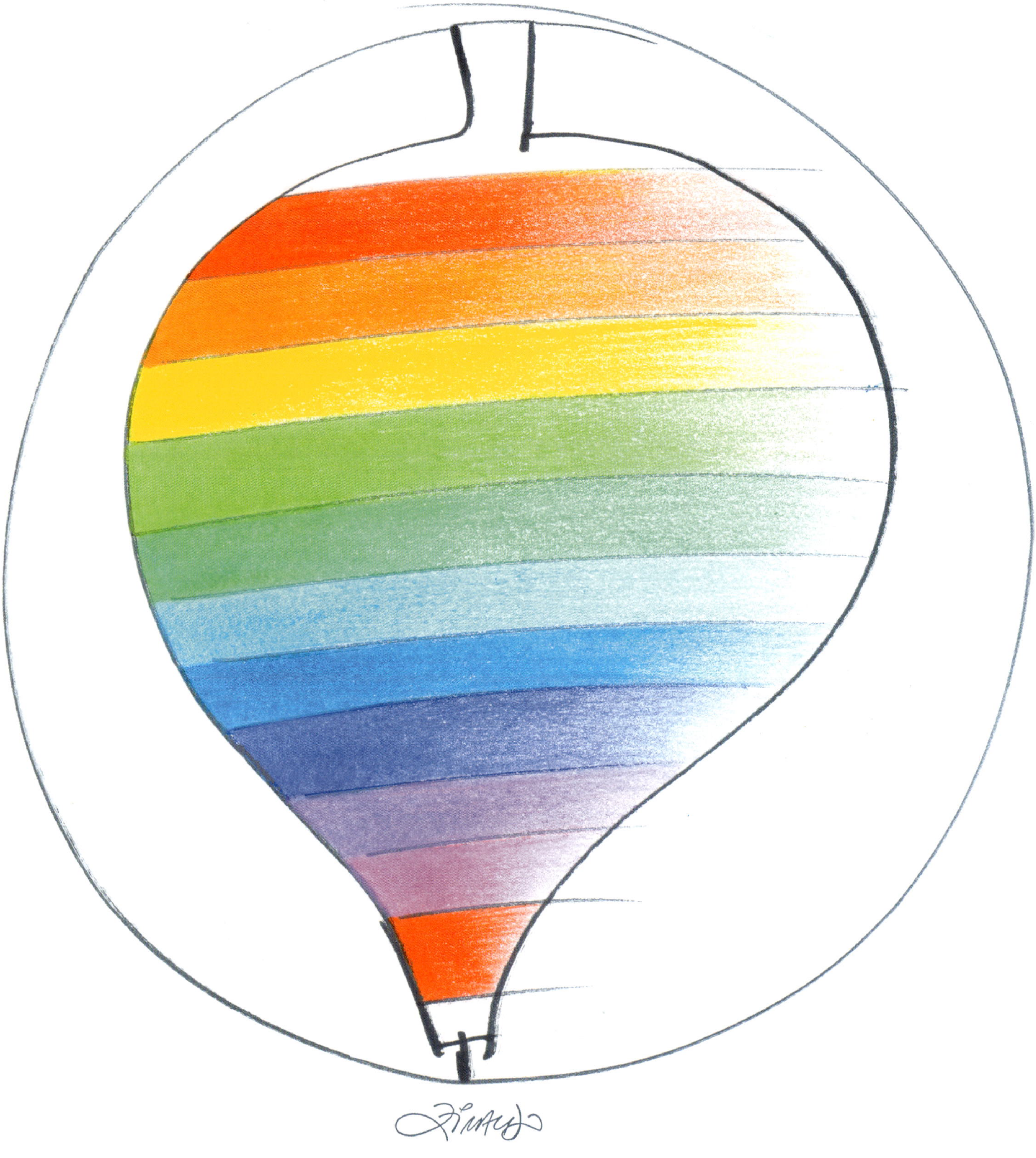

Ziraldo
Roda Pião

Roda Pião
(Dorival Caymmi)

Quando a gente é criancinha
Canta quadras pra brincar
Quando fica gente grande
Ouve quadras a chorar

Como comove a lembrança
De um tempo feliz
Quando ouvimos cantar

Roda, pião
Bambeia, ô pião

O pião entrou na roda, ô pião
Roda, pião
Bambeia, ô pião

Sapateia no tijolo, ô pião
Roda, piao
Bambeia, ô pião

Passa de um lado pro outro, ô pião
Roda, pião
Bambeia, ô pião

Também a vida da gente
É um pião sempre a rodar
Um pião que também pára
Quando o tempo o faz cansar

Saudade da Bahia
(Dorival Caymmi)

Ai, ai que saudade que eu tenho da Bahia
Ai, se eu escutasse o que mamãe dizia
"Bem, não vá deixar a sua mãe aflita
A gente faz o que o coração dita
Mas esse mundo é feito de maldade e ilusão"

Ai, se eu escutasse hoje eu não sofria
Ai, esta saudade dentro do meu peito
Ai, se ter saudade é ter algum defeito
Eu, pelo menos, mereço o direito
De ter alguém com quem eu possa me confessar

Ponha-se no meu lugar
E veja como sofre um homem infeliz
Que teve que desabafar
Dizendo a todo mundo
O que ninguém diz

Vejam que situação
E vejam como sofre um pobre coração
Pobre de quem acredita
Na glória e no dinheiro para ser feliz

Gianguido Bonfanti (página seguinte)

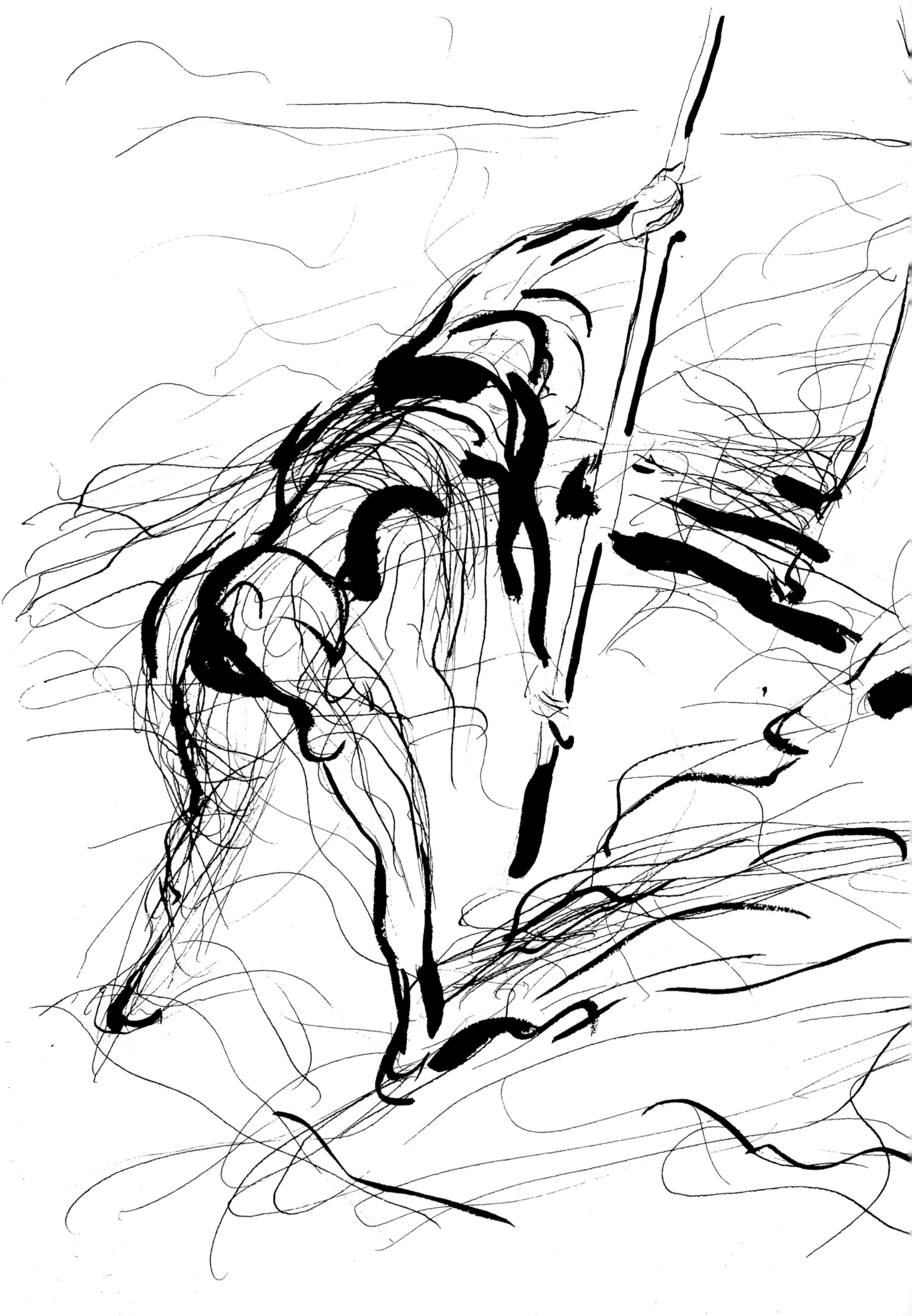

Gianguido Bonfanti
Sauaade da Bahia

Guto Nóbrega
Modinha de Gabriela

Modinha de Gabriela
(Dorival Caymmi)

Quando eu vim para esse mundo
Eu não atinava em nada
Hoje eu sou Gabriela
Gabriela-ê, meus camaradas

Eu nasci assim
Eu cresci assim
E sou mesmo assim
Vou ser sempre assim
Gabriela
Sempre Gabriela

Quem me batizou
Quem me nomeou
Pouco me importou
É assim que eu sou
Gabriela
Sempre Gabriela

Eu sou sempre igual
Não desejo o mal
Amo o natural
Etcétera e tal
Gabriela
Sempre Gabriela

modelagem Saulo Freitas
foto Rodrigo Lopes

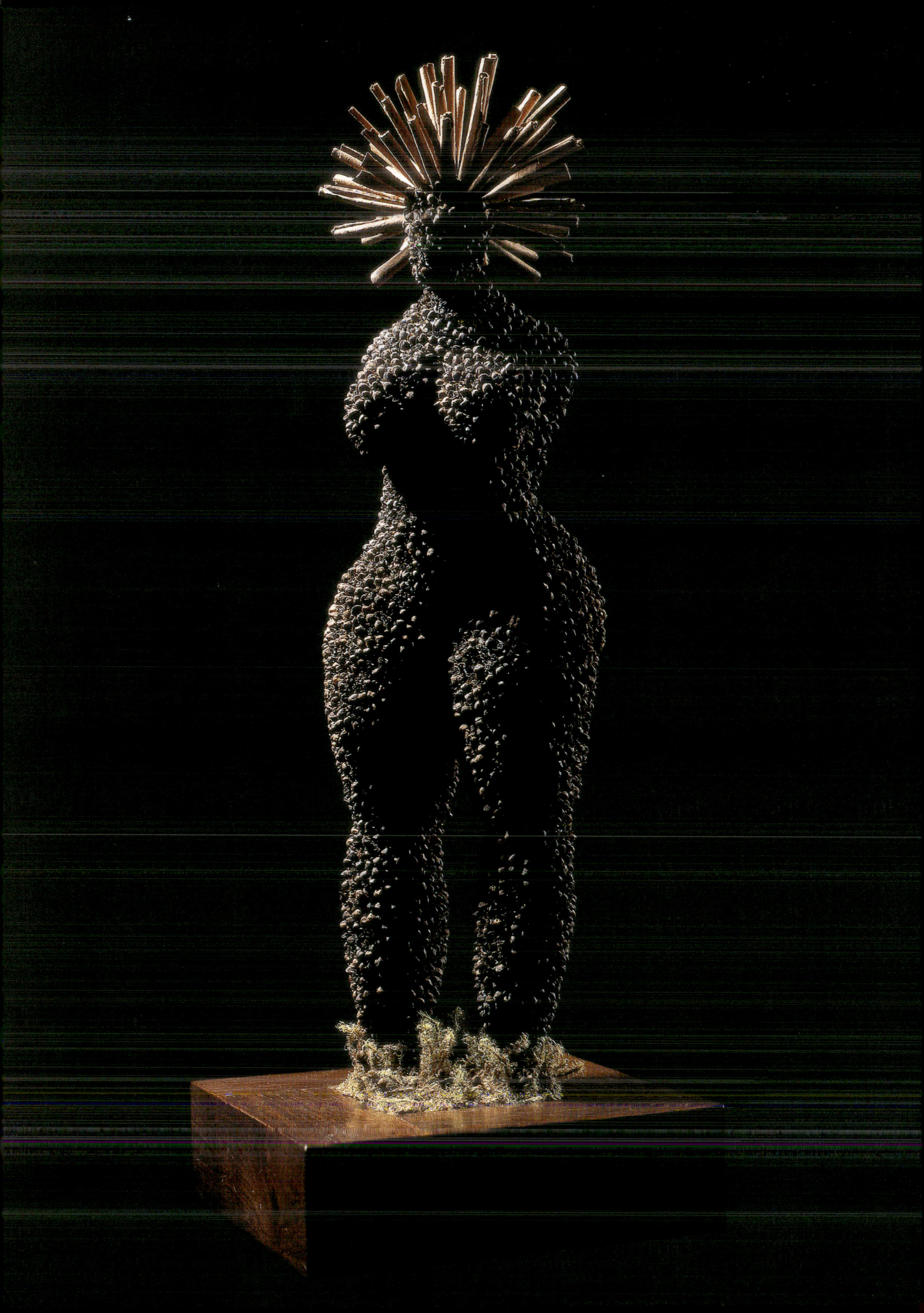

Antonio Bernardo
Canto de Nanã

Canto de Nanã
(Dorival Caymmi)

Ê, de noite, ê
De noite, até de manhã – iê
Ouvi cantar pra Nanã

119

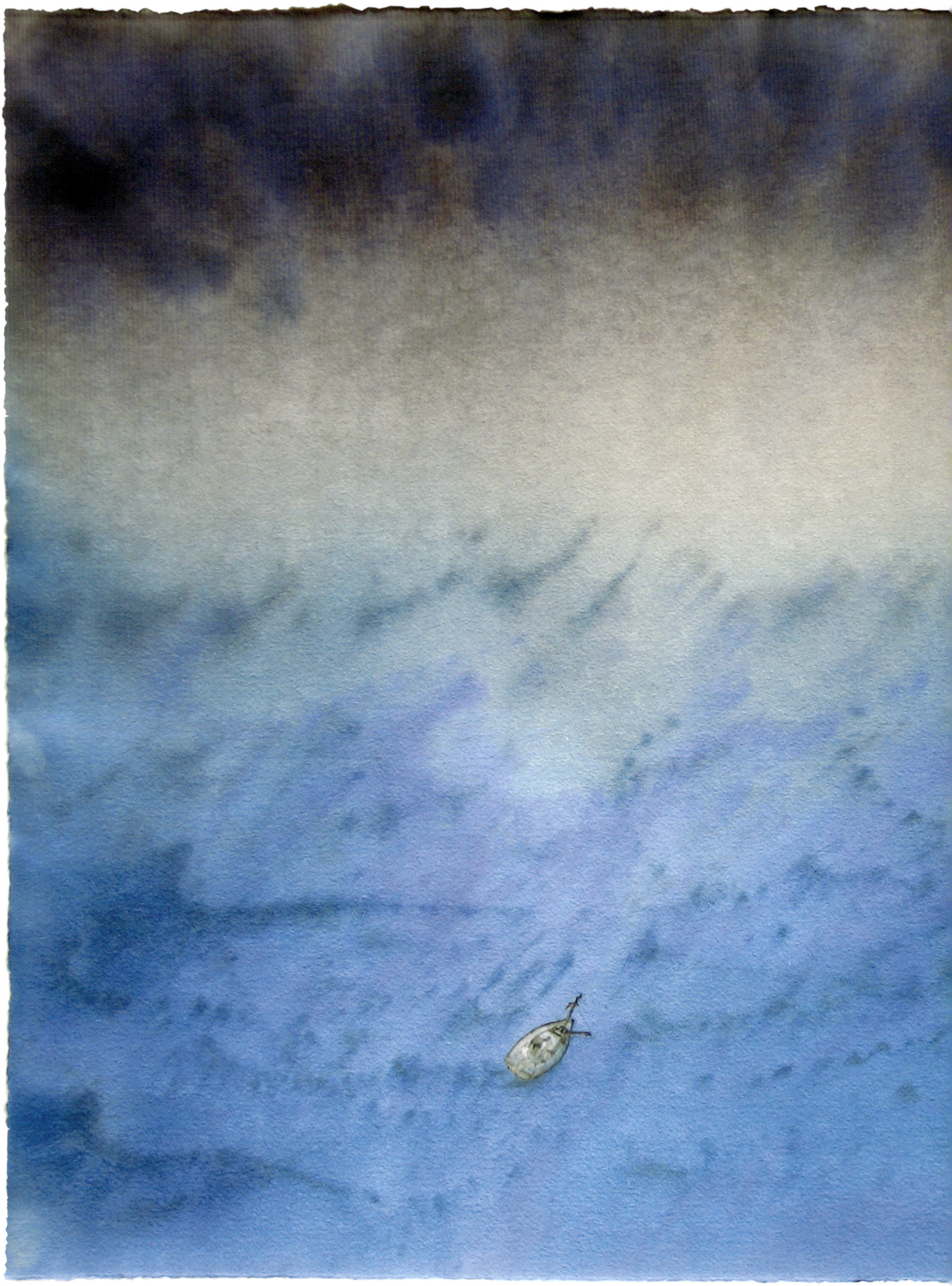

Elizabeth Tognato
Milagre

Milagre
(Dorival Caymmi)

Maurino, Dadá e Zeca – ô
Embarcaram de manhã
Era quarta-feira Santa
Dia de pescar e de pescador

Se sabe que muda o tempo
Se sabe que o tempo vira
Ai, o tempo virou
Maurino que é de guentá, guentou
Dadá que é de labutá, labutou
Zeca, esse nem falou – ô

Era só jogar a rede e puxar
Era só jogar a rede

Guto Lacaz
Promessa de Pescador

Promessa de Pescador
(Dorival Caymmi)

Ê.... ê.... ê.... ê....
A alodê, Iemanjá, oêiá
Iemanjá, oêiá

Senhora que é das águas
Tome conta de meu filho
Que eu também já fui do mar
Hoje tou véio acabado
Nem no remo sei pegá
Tome conta de meu filho
Que eu também já fui do mar

Quando chegar o seu dia
Pescador véio promete
Pescador vai lhe levá
Um presente bem bonito
Para dona Iemanjá
Filho dele é quem carrega
Desde terra até o mar

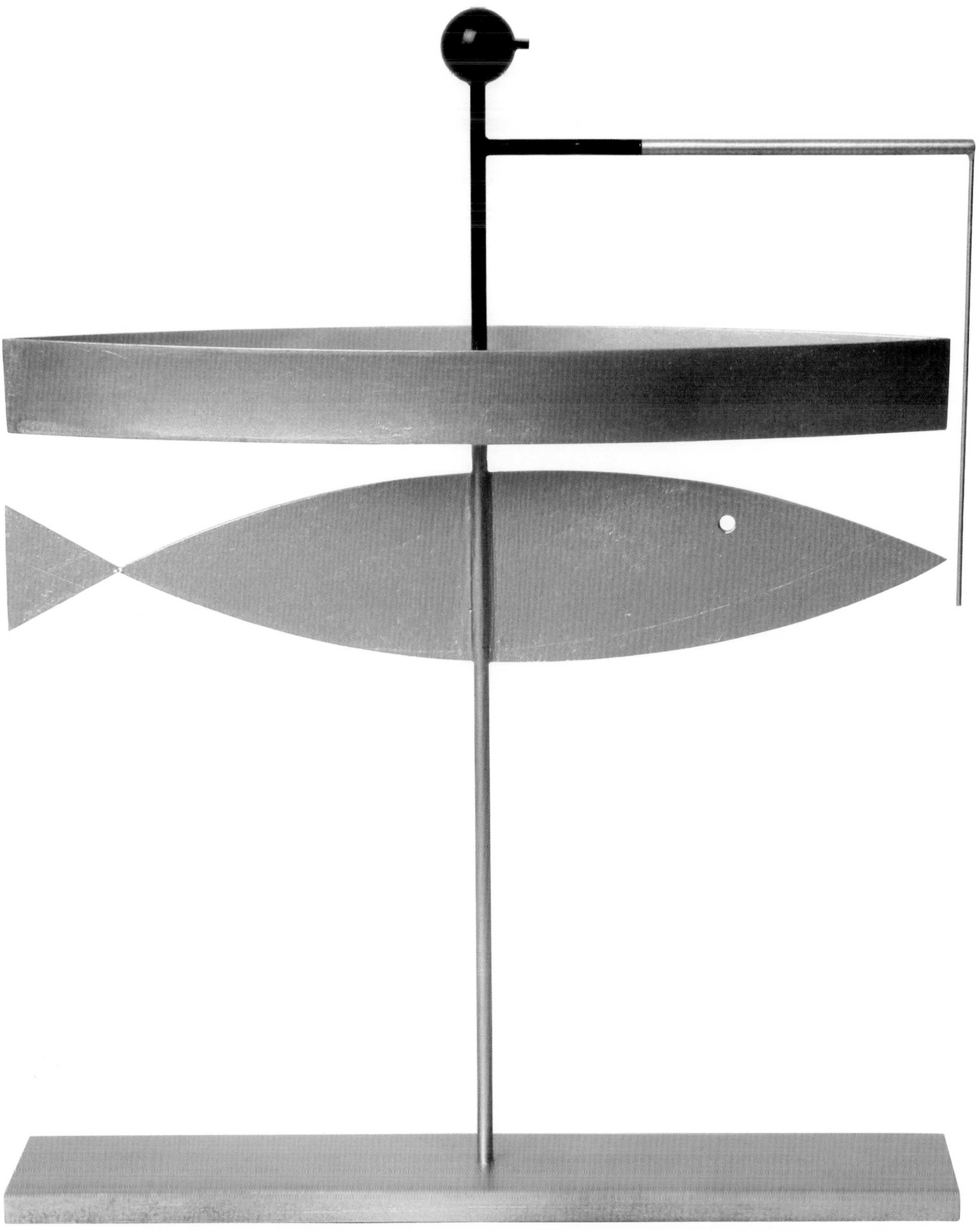

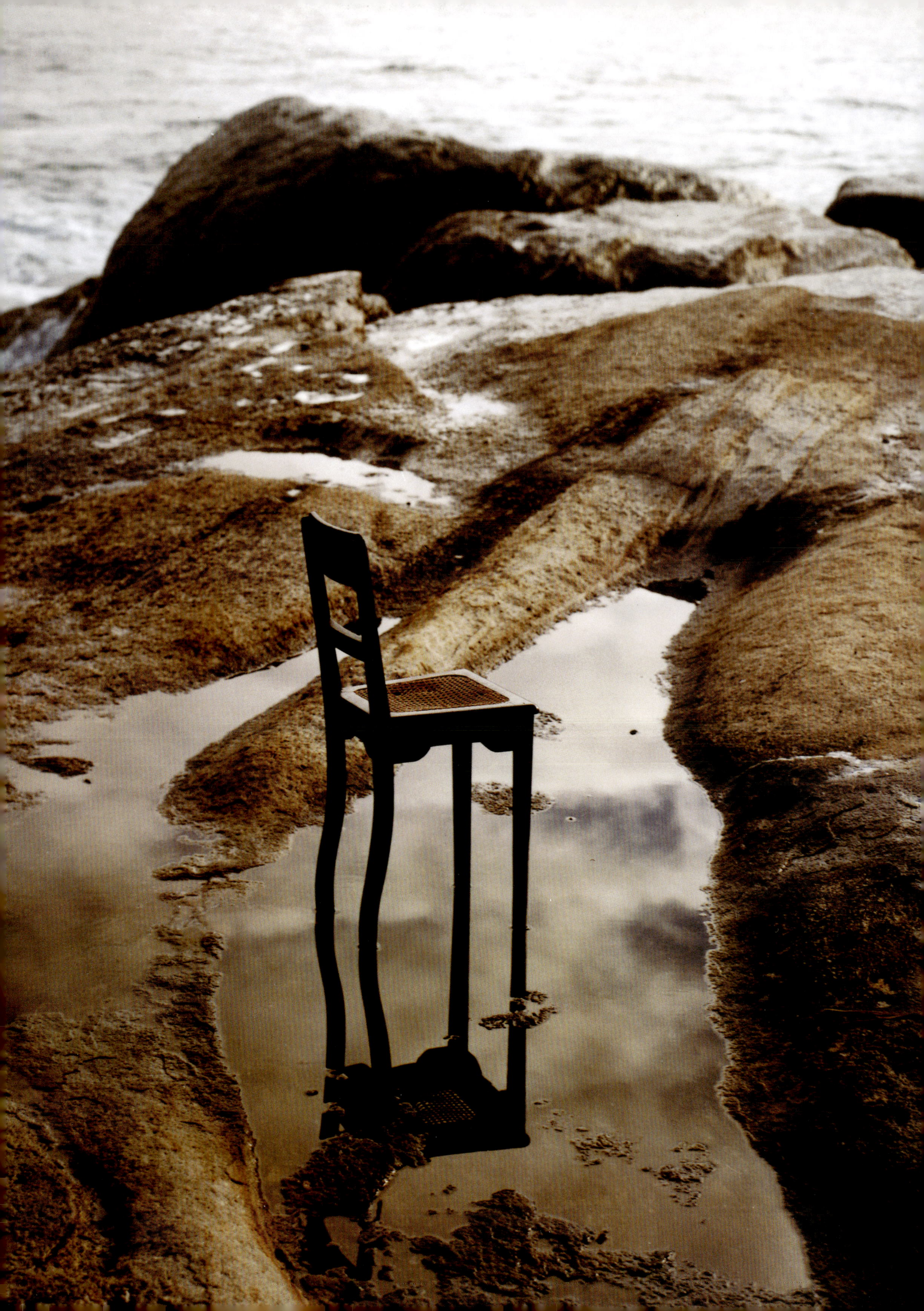

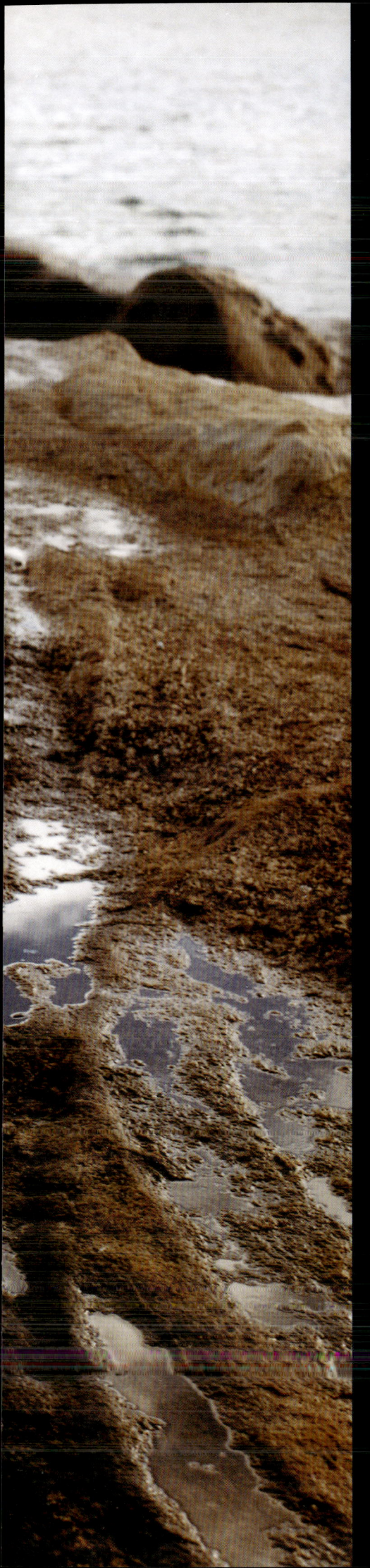

Marcos Bonisson
O Vento

O Vento
(Dorival Caymmi)

Vamos chamar o vento
Vamos chamar o vento

Vento que dá na vela
Vela que leva o barco
Barco que leva a gente
Gente que leva o peixe
Peixe que dá dinheiro:
Curimã

Curimã – ê
Curimã lambaio
Curimã

Vento que dá na vela
Vela que vira o barco
Barco que leva a gente
Gente que leva o peixe
Peixe que dá dinheiro:
Curimã

Alex Cerveny
Rua Deserta

05 · 05

Rua Deserta
(Dorival Caymmi / Carlos Guinle / Hugo Lima)

Nesta rua tão deserta
Numa noite sem luar
Um lamento não se ouve
A noite sem canção

A lembrança de um dia
Os teus olhos junto aos meus
Os teus lábios murmuravam
Uma prece para mim
Do teu coração

A saudade de alguém, de você
A maldade de viver, sem você
A vontade de viver, com você
Foi um sonho que passou
Tudo agora se acabou

Nesta rua tão deserta
Numa noite sem luar
Um lamento não se ouve
Sozinho vou seguindo
Sem parar, sem olhar
Sem você, sem você
Meu amor

Alex Cerveny (página anterior)

Rafael Jacinto
Você Não Sabe Amar

Você Não Sabe Amar
(Dorival Caymmi / Carlos Guinle / Hugo Lima)

Você não sabe amar, meu bem
Não sabe o que é o amor
Nunca viveu
Nunca sofreu
E quer saber mais que eu

O nosso amor parou aqui
E foi melhor assim
Você esperava
E eu também
Que fosse esse o seu fim

O nosso amor não teve, querida
As coisas boas da vida
E foi melhor para você
E foi também, melhor pra mim

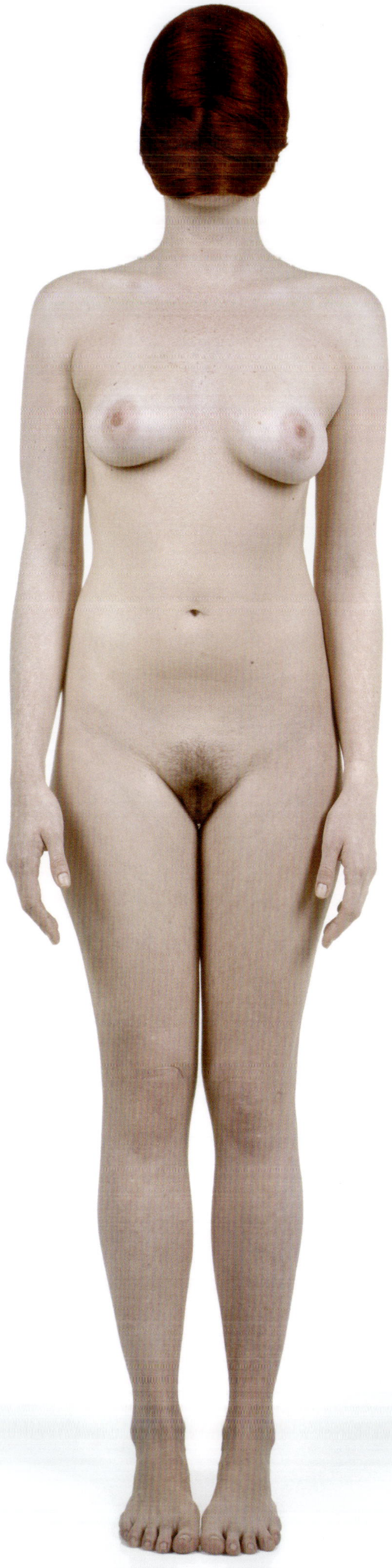

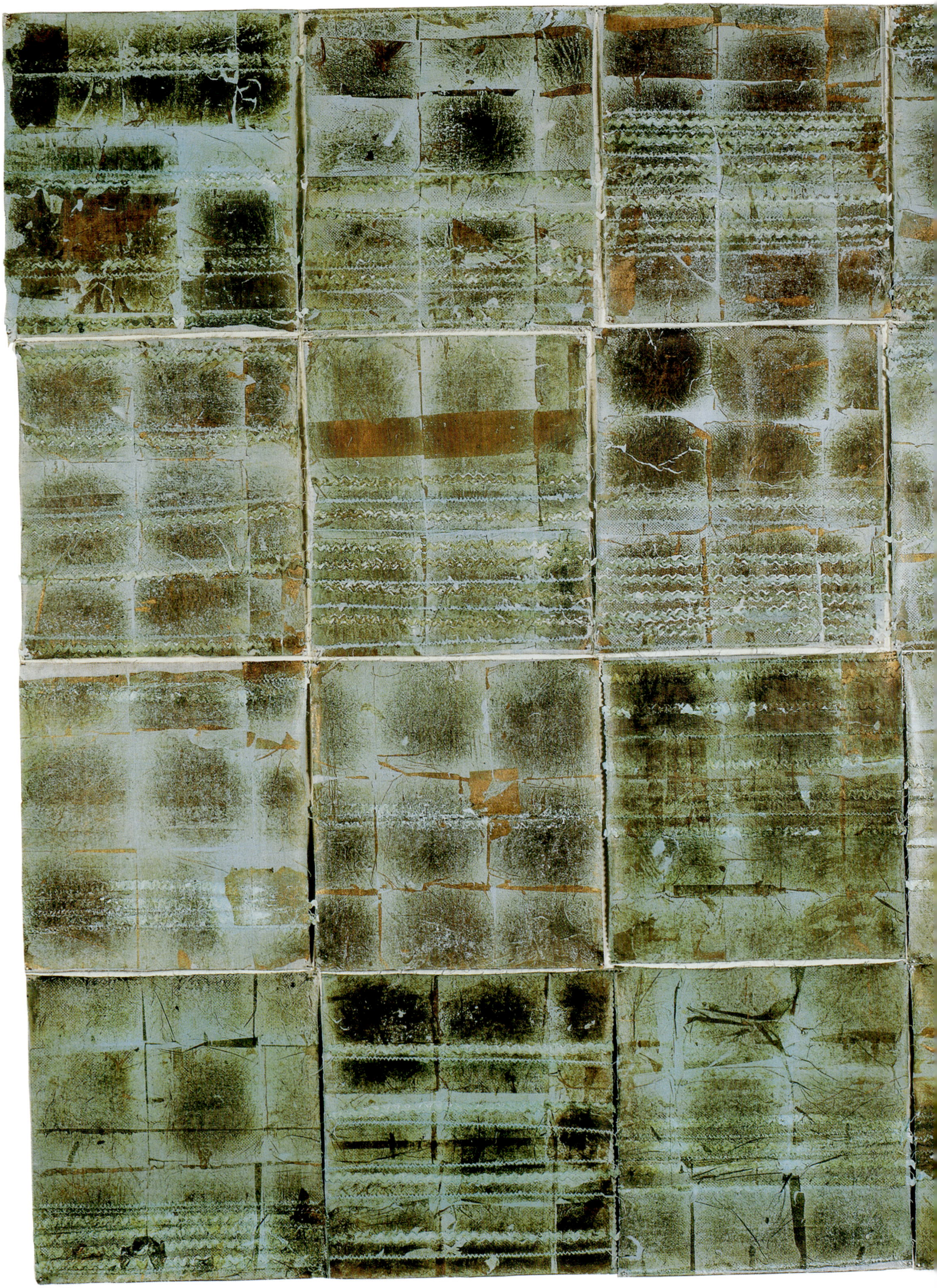

Lena Bergstein
História Pro Sinhozinho

História Pro Sinhozinho
(Dorival Caymmi)

Na hora que o sol se esconde e o sono chega
O sinhozinho vai procurar
Hum...hum...hum

A velha, de colo quente
Que canta quadras
Que conta história para ninar
Hum...hum...hum

Sinhá Zefa que conta histórias
Sinhá Zefa sabe agradar
Sinhá Zefa que quando nina
Acaba por cochilar
Sinhá Zefa vai murmurando
Histórias para ninar

Peixe é esse, meu filho?
Não, meu pai
Peixe é esse, é "mutum manguenem"
É a coca do mato "guenen guenen"
Suê filho – ê
Toca ê marimba – ê

Adão Iturrusgarai
Caminhos do Mar

Caminhos do Mar
(Dorival Caymmi / Danilo Caymmi / Dudu Falcão)

Iemanjá, odoiá
Odoiá, rainha do mar

O canto vinha de longe
De lá do meio do mar
Não era canto de gente
Bonito de admirar

O corpo todo estremece
Muda a cor do céu, do luar
Um dia ela ainda aparece
É a rainha do mar

Quem ouve desde menino
Aprende a acreditar
Que o vento sopra o destino
Pelos caminhos do mar

O pescador que conhece
As histórias do lugar
Morre de medo e vontade
De encontrar Iemanjá

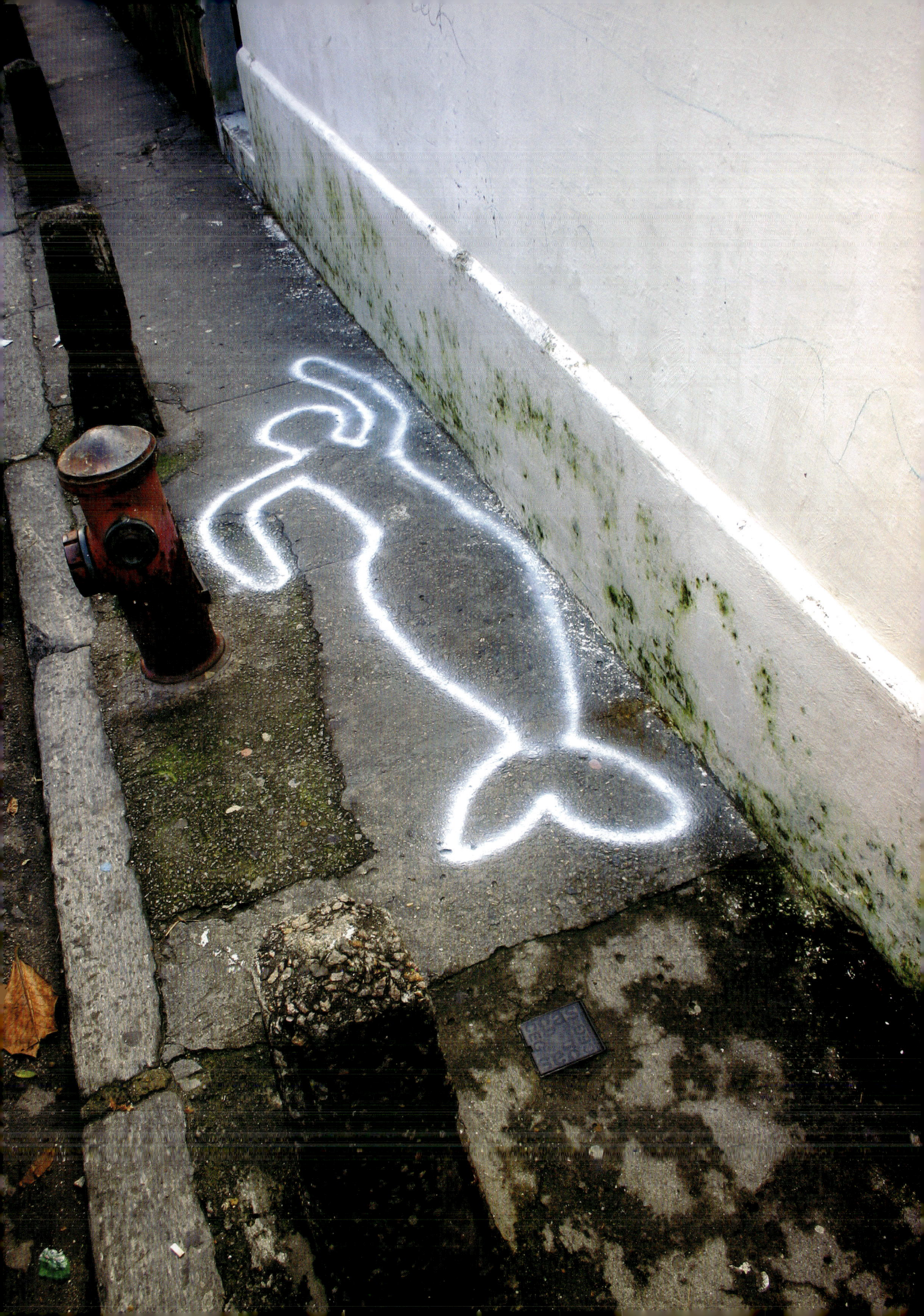

Brígida Baltar
Adeus da Esposa

Adeus da Esposa
(Dorival Caymmi)

Adeus, adeus
Pescador, não esqueça de mim
Vou rezar pra ter bom tempo, meu nêgo
Pra não ter tempo ruim
Vou fazer sua caminha, macia
Perfumada de alecrim

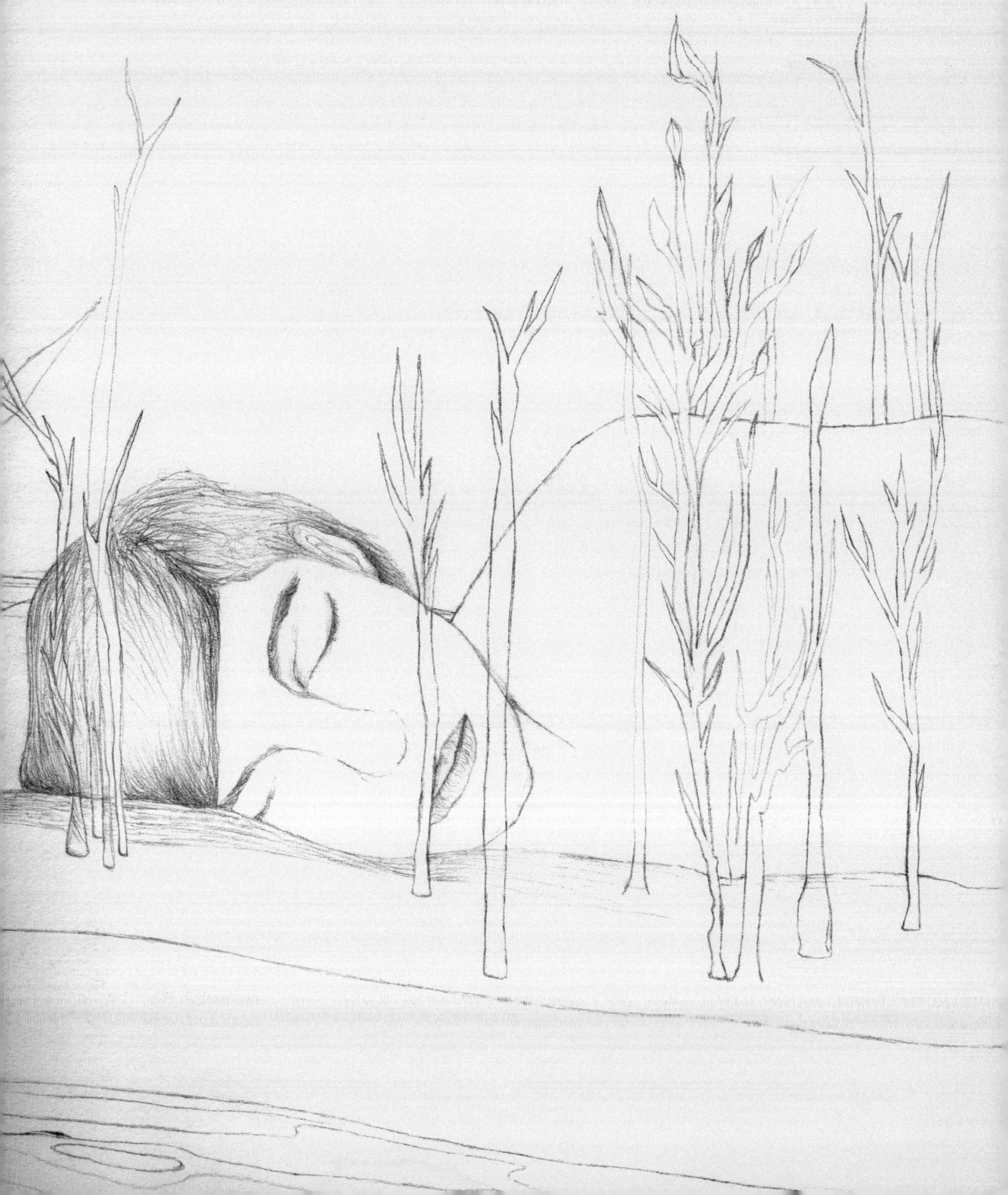

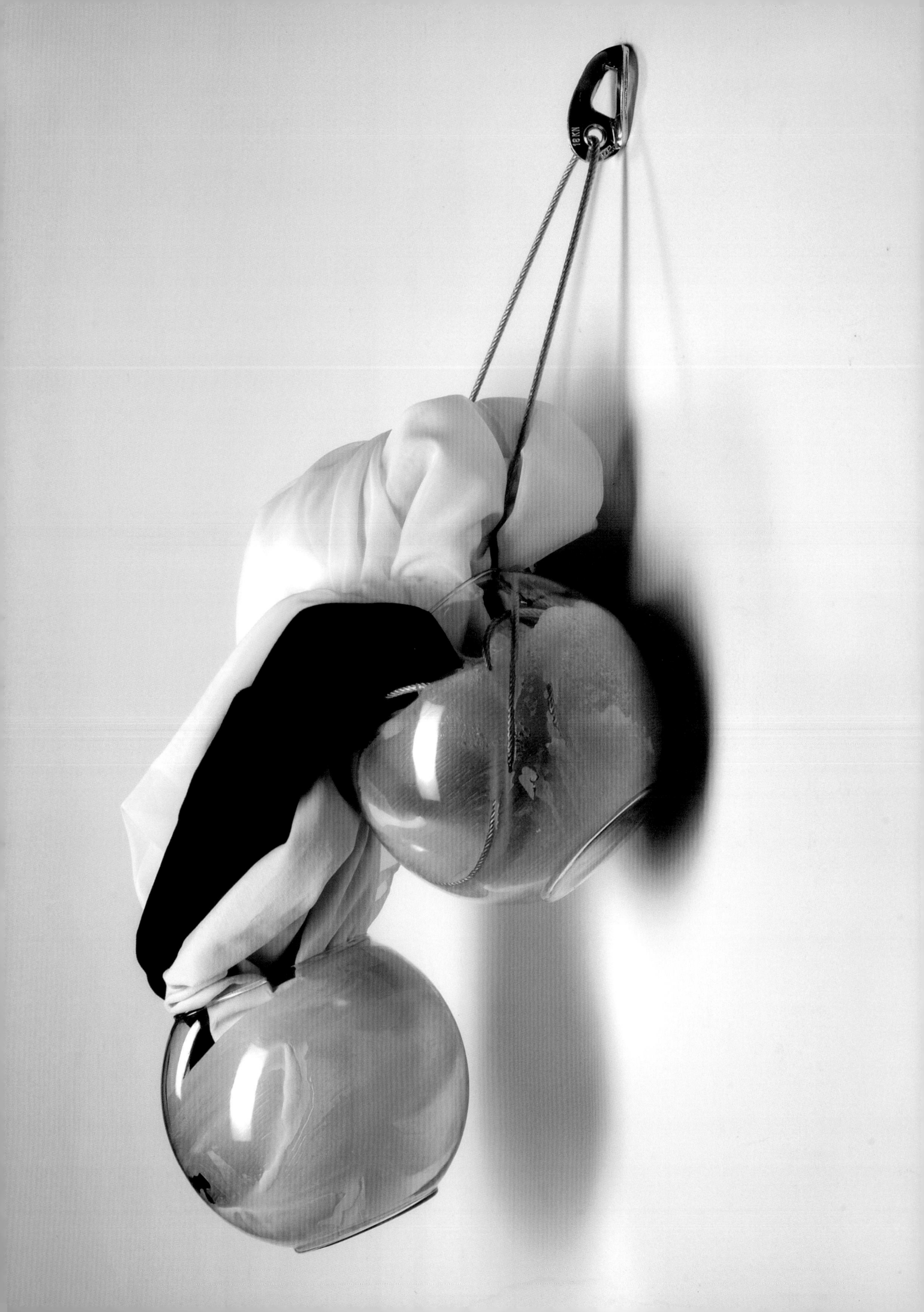

José Resende
Oração da Mãe Menininha

Oração da Mãe Menininha
(Dorival Caymmi)

Ai, minha Mãe
Minha Mãe Menininha
Ai, minha Mãe
Menininha do Gantois

A estrela mais linda, hein?
Tá no Gantois
E o sol mais brilhante, hein?
Tá no Gantois
A beleza do mundo, hein?
Tá no Gantois
E a mão da doçura, hein?
Tá no Gantois
O consolo da gente, ai
Tá no Gantois
E a Oxum mais bonita, hein?
Tá no Gantois

Olorum quem mandou
Essa filha de Oxum
Tomar conta da gente
De tudo cuidar
Olorum quem mandô-ê-ô
Ora, iê-iê-ô

Vânia Mignone
Vestido de Bolero

Vestido de Bolero
(Dorival Caymmi)

Um casaco bordô
Um vestido de veludo
Pra você usar
Um vestido de bolero
Lero, lero, lero
Já mandei comprar

Se o casaco for vermelho
Todo mundo vai usar
Saia verde, azul e branco
Todo mundo vai usar
Apesar dessa mistura
Todo mundo vai gostar
É que debaixo do bolero
Lero, lero, lero
Tem você, Iaiá

VESTIDO

PROTEGE TEU FILHO QUE TANTO PRECISA PRECISA DE TI

Jorge Fonseca
Canto de Obá

Canto de Obá
(Dorival Caymmi / Jorge Amado)

Meu pai Xangô
É meu pai Xangô, é meu pai

Protege teu filho
Obá de Xangô
Seu Obá Otum
Onikoyi
Que tanto precisa
Precisa de ti
Pro canto compor
Pra canto cantar
O canto em louvor
Das graças da flor
Da terra, do povo e do mar da Bahia

Protege teu filho
Teu filho Caymmi
Dorival Obá
Onikoyi
E Stella Caymmi
A mãe de Dori
De Nana e Danilo
Que é musa e mulher
Que é amor e amiga
Stella estrela
Da minha cantiga amor recebi, ai!

Por ser teu Obá
Onikoyi
Por não merecer, ser merecedor
De tanta Stella, estrela de amor, ai!

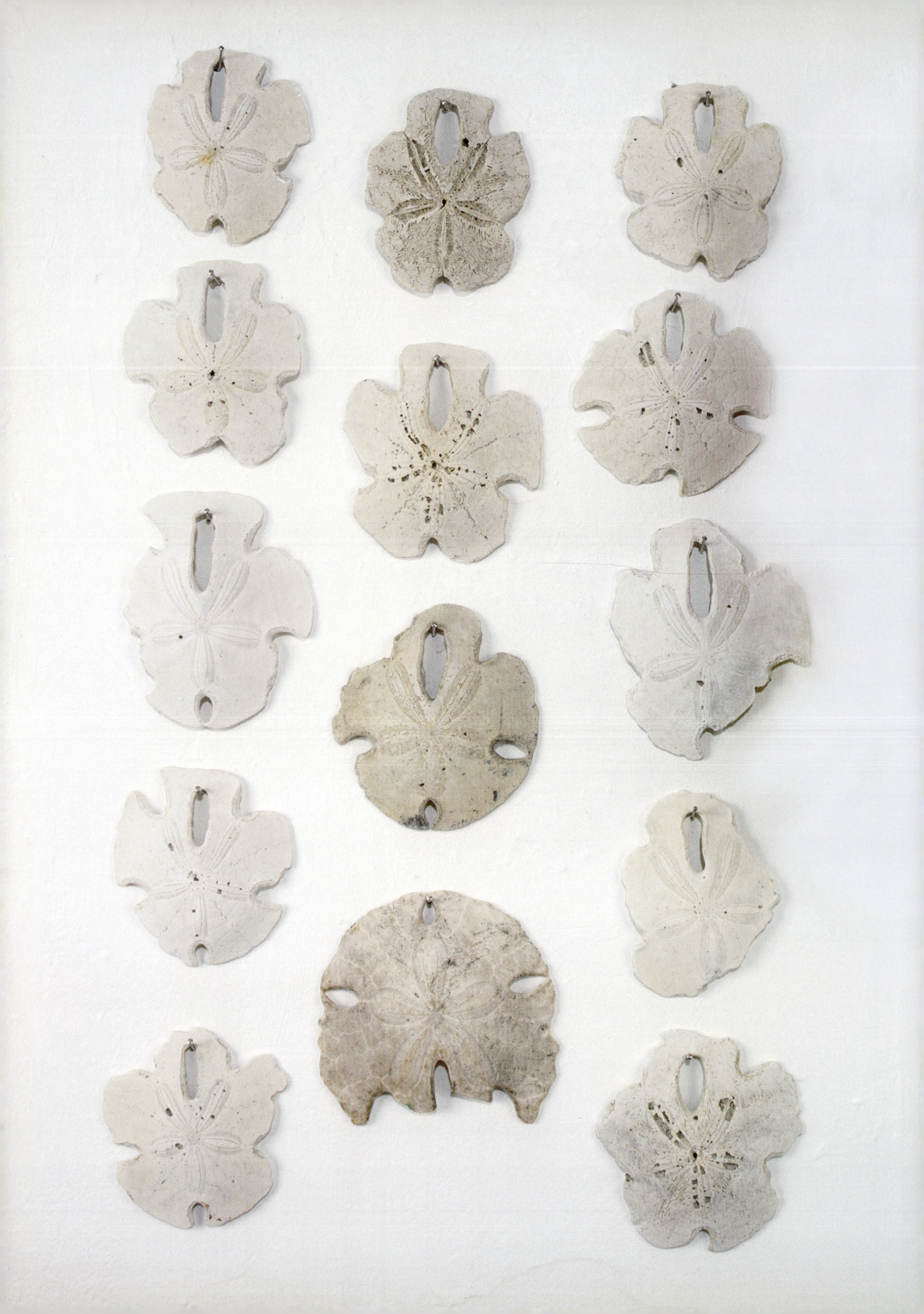

Eliane Duarte
O Mar

O Mar
(Dorival Caymmi)

O mar
Quando quebra na praia
É bonito, é bonito

O mar
Pescador quando sai
Nunca sabe se volta
Nem sabe se fica

Quanta gente perdeu
Seus maridos, seus filhos
Nas ondas do mar

Pedro vivia da pesca
Saía no barco
Seis horas da tarde
Só vinha na hora
Do sol raiar

Todos gostavam de Pedro
E mais de que todos
Rosinha de Chica
A mais bonitinha
E a mais bem feitinha
De todas mocinha
Lá do arraiá

Pedro saiu no seu barco
Seis horas da tarde
Passou toda a noite
Não veio na hora
Do sol raiá
Deram com o corpo de Pedro
Jogado na praia
Roído de peixe
Sem barco, sem nada
Num canto bem longe
Lá do arraiá

Pobre Rosinha de Chica
Que era bonita
Agora parece
Que endoideceu
Vive na beira da praia
Olhando pras ondas
Andando, rondando
Dizendo baixinho:
Morreu, morreu
Morreu, oh

Eliane Duarte (página anterior) *fotos* Kadu Niemeyer

Gabriel Zellmeister
Vamos Falar de Tereza

Vamos Falar de Tereza
(Dorival Caymmi / Danilo Caymmi)

Para saber de Tereza, meu bem
Pergunte primeiro a mim
Tudo que eu sei de Tereza, meu bem
Conto tim-tim por tim-tim

Gosto de tudo que é fruta
Cheiro de tudo que é flor
Mato molhado por fora, por dentro
Graça, carinho e amor

Oi, quer saber de uma coisa
Para dizer com franqueza
De um ditado que dizia
Que beleza não põe mesa
Eu não sou o inventor

Para falar de beleza
Para saber de Tereza
Só mesmo o Nosso Senhor

TEREZA BATISTA (Figura de Rubbersisters Monica & Jacline – www.mascon.com/.../Images/NUN-M1.jpg com rosto de LoveDoll.jpg) ;-) gabriel zeitmeister / junho 2005

Sergio Liuzzi
A Lenda do Abaeté

A Lenda do Abaeté
(Dorival Caymmi)

No Abaeté tem uma lagoa escura
Arrodeada de areia branca
Ô – de areia branca
Ô – de areia branca

De manhã cedo se uma lavadeira
Vai lavar roupa no Abaeté
Vai se benzendo porque diz que ouve
Ouve a zoada do batucajé
Do batucajé
Ô – do batucajé-é-é

O pescador deixa que seu filhinho
Tome jangada, faça o que quiser
Mas dá pancada se o filhinho brinca
Perto da Lagoa do Abaeté
Ô – do Abaeté
Ô – do Abaeté-é-é

A noite tá que é um dia
Diz alguém olhando a lua
Pela praia as criancinhas
Brincam à luz do luar
O luar prateia tudo
Coqueiral, areia e mar
A gente imagina quanto
A lagoa linda é
A lua se namorando
Nas águas do Abaeté

Credo! Cruz!
Te disconjuro
Quem falou de Abaeté!

colaboração na criação e foto (Dorival Caymmi) Luiz Garrido
assistentes de montagem Caddah e Paulo Esteves

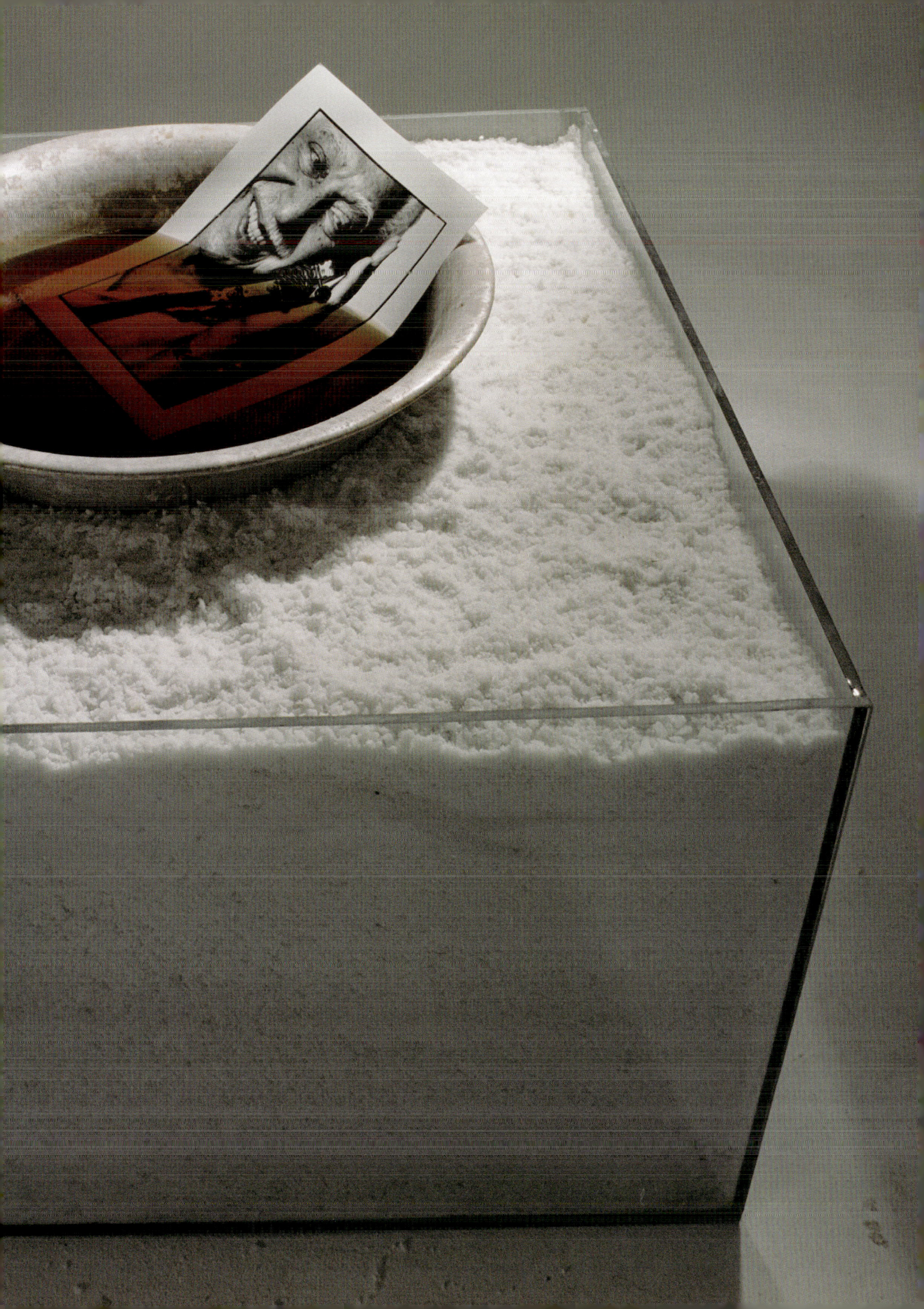

ERICAN
WAY"
RIO
WALLACE
JANE PO
ELIZAB
UCHO
ombinatic
ARMEN
pedaçad
meu Br

O Dengo Que a Nega Tem
(Dorival Caymmi)

É dengo, é dengo, é dengo, meu bem
É dengo que a nega tem
Tem dengo no remelexo, oi meu bem
Tem dengo no falar também

Quando se diz que no falar tem dengo
Tem dengo, tem dengo, tem dengo, tem
E quando se diz que no sorrir tem dengo
Tem dengo, tem dengo, tem dengo, tem
Também quando se diz que no andar tem dengo
Tem dengo, tem dengo, tem dengo, tem
E quando se diz que no sambar tem dengo
Tem dengo, tem dengo, tem dengo, tem

E quando se diz que no olhar tem dengo
Tem dengo, tem dengo, tem dengo, tem
Também quando se diz que no quebrar tem dengo
Tem dengo, tem dengo, tem dengo, tem
E quando se diz que no bulir tem dengo
Tem dengo, tem dengo, tem dengo, tem
Quando se diz que no cantar tem dengo
Tem dengo, tem dengo, tem dengo, tem

É no mexido, é no descanso, é no balanço
É no jeitinho requebrado que essa nega tem
Que todo mundo fica enfeitiçado
E atrás do dengo dessa nega
Todo mundo vem

Regina Silveira
O Dengo Que a Nega Tem

Daniel Klajmic
Vou Ver Juliana

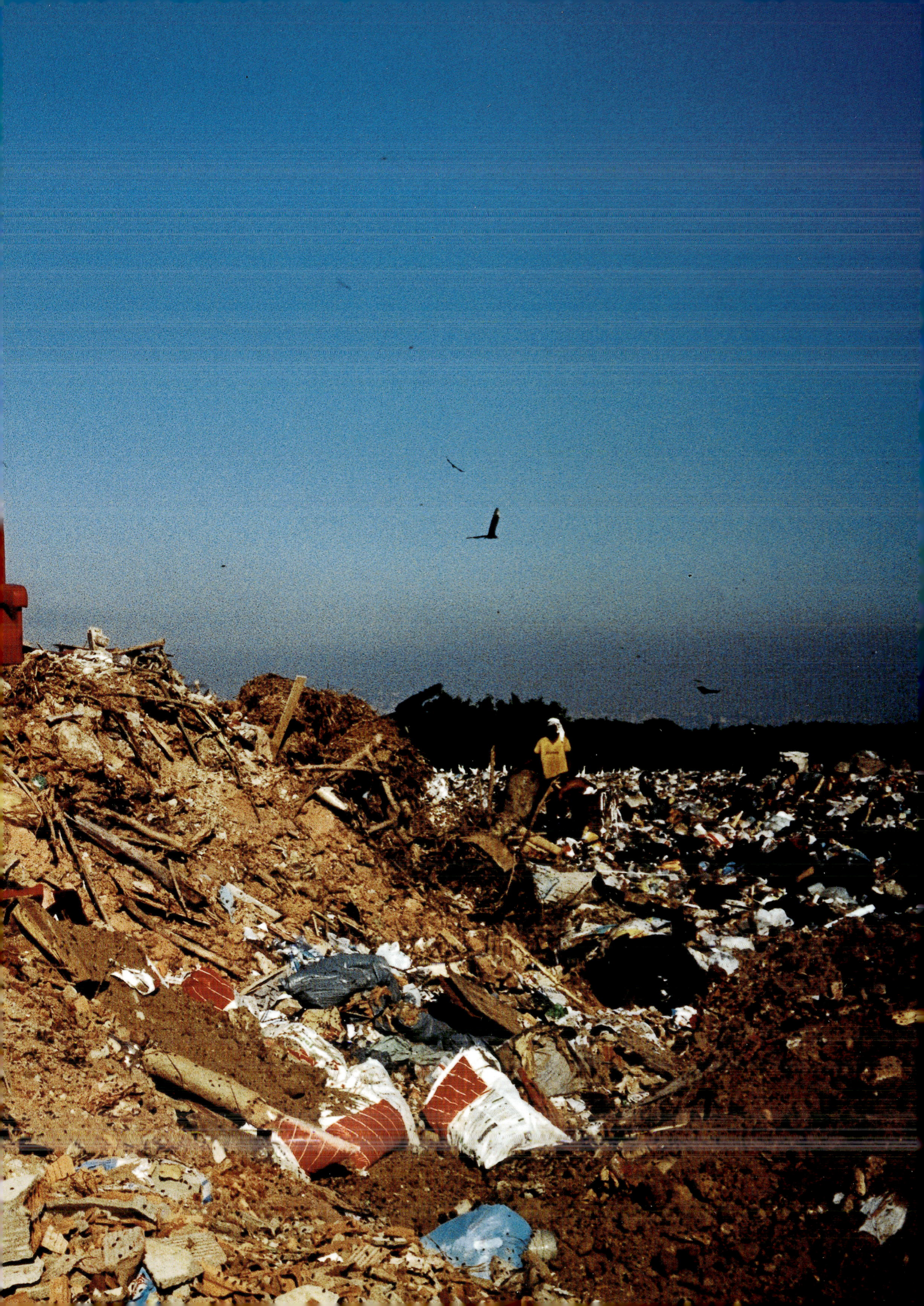

Lan
Modinha Para Tereza Batista

Modinha Para Tereza Batista
(Dorival Caymmi / Jorge Amado)

Me chamo "Siá Tereza"
Perfumada de alecrim
Ponha açúcar na boca
Se quiser falar de mim

Flor no cabelo
Flor no xibiu
Mar e rio

Vou Ver Juliana
(Dorival Caymmi)

Quando a maré vazar
Vou ver Juliana
Vou ver Juliana – ê
Vou ver Juliana

Saveirista quer o dinheiro
Pra poder me atravessar
Eu não tenho mais dinheiro
Pra pagar pra embarcar
Como não tenho dinheiro
O remédio é esperar
Bate palma, palma, palma
Bate pé, pé, pé
Caranguejo só é peixe
Na vazante da maré
É melhor esperar sentado
Do que esperar em pé
Pra ver
Pra ver Juliana

Daniel Klajmic (página anterior)

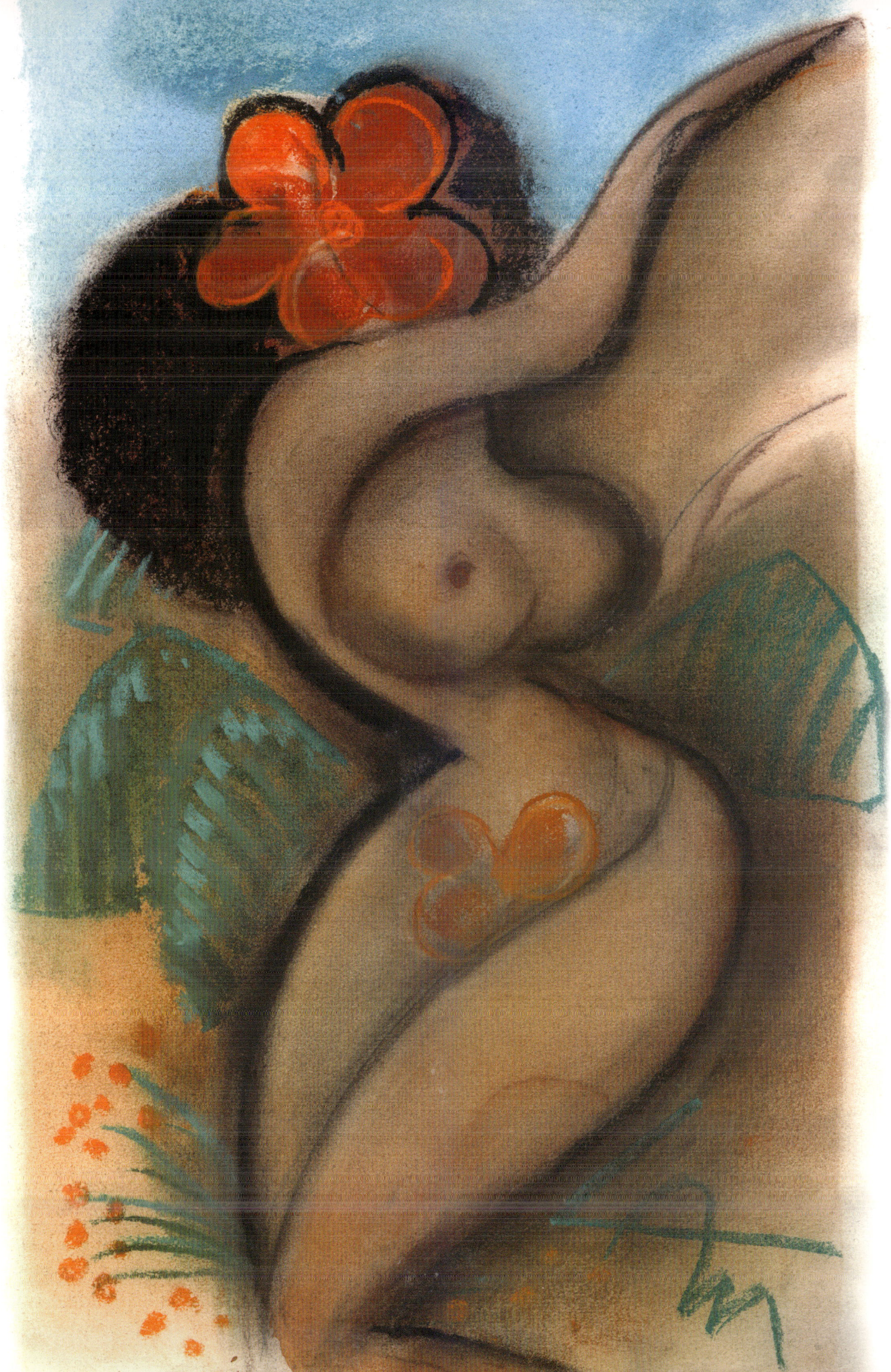

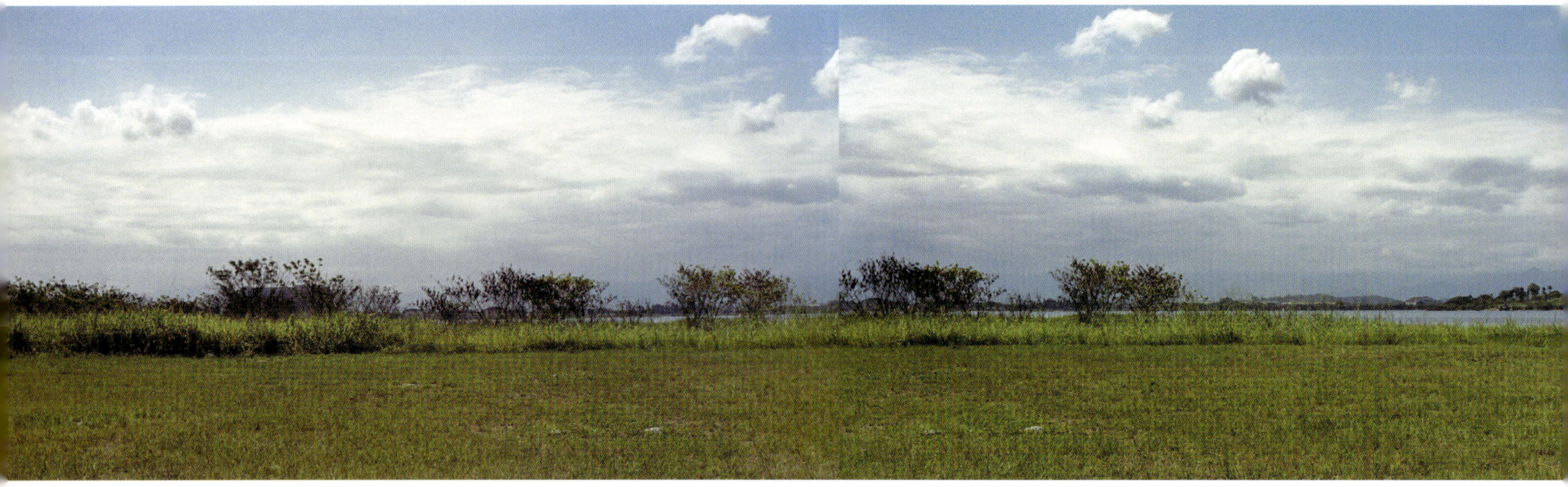

Franz Manata
Na Cancela

Na Cancela
(Dorival Caymmi)

Chorei
Ah, chorei
Chorei esperando por ela, chorei
Cansei
Ah, cansei
Cansei escorando a cancela, cansei

Não há lugar melhor pra chorar
Do que cancela quando não vem trem
Não há lugar melhor pra chorar
Do que o colo de quem se quer bem

Demóstenes Vargas
O Que É Que a Baiana Tem?

O Que É Que a Baiana Tem?
(Dorival Caymmi)

O que é que a baiana tem?
O que é que a baiana tem?

Tem torço de seda, tem!
Tem brincos de ouro, tem!
Corrente de ouro, tem!
Tem pano-da-Costa, tem!
Tem bata rendada, tem!
Pulseira de ouro, tem!
Tem saia engomada, tem!
Tem sandália enfeitada, tem!
E tem graça como ninguém
Como ela requebra bem!

Quando você se requebrar
Caia por cima de mim
Caia por cima de mim
Caia por cima de mim

Tem torço de seda, tem!
Tem brincos de ouro, tem!
Corrente de ouro, tem!
Tem panos-da-Costa, tem!
Tem bata rendada, tem!
Pulseiras de ouro, tem!
Tem saia engomada, tem!
Sandália enfeitada, tem!
Só vai no Bonfim quem tem

Um rosário de ouro
Uma bolota assim
Quem não tem balangandãs
Não vai no Bonfim
Ô – não vai no Bonfim
Ô – não vai no Bonfim

desenho Demóstenes Vargas
bordados Antônia Zulma Diniz Dumont (mãe), Ângela, Marilu, Martha e Sávia Dumont (irmãs)

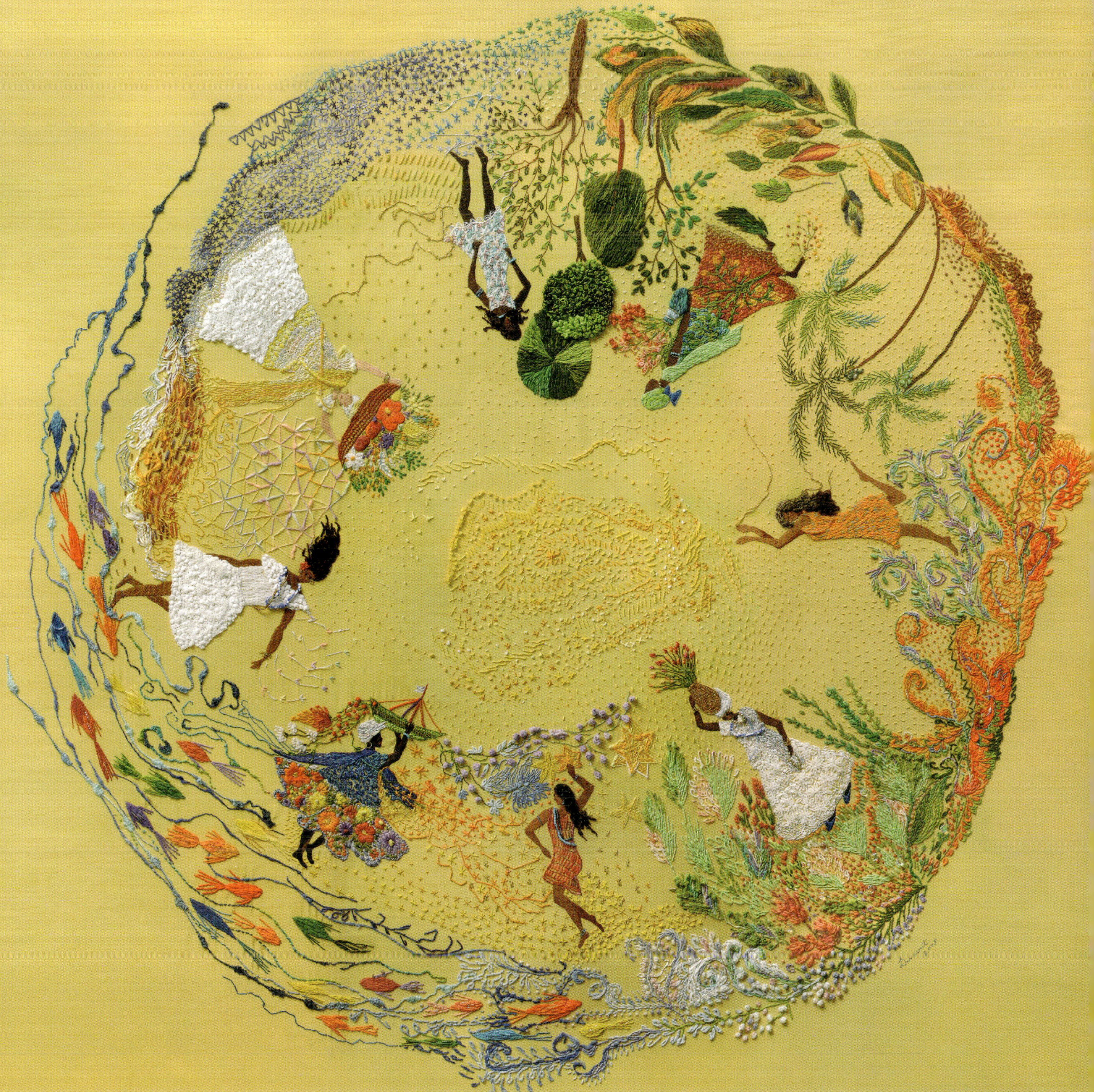

Walter Carvalho
Valerá a Pena?

Valerá a Pena?
(Dorival Caymmi)

Valerá a pena viver sem você?
Para quê passar a vida sem carinho?
Quando alguém amar você sinceramente
Seguirá o seu caminho indiferente
Eu não quero viver sem você nunca mais
Sem você a saudade, amor, é demais
O que sofri e padeci
Conheço bem a dor, não quero perder
Viver sem você
Amor

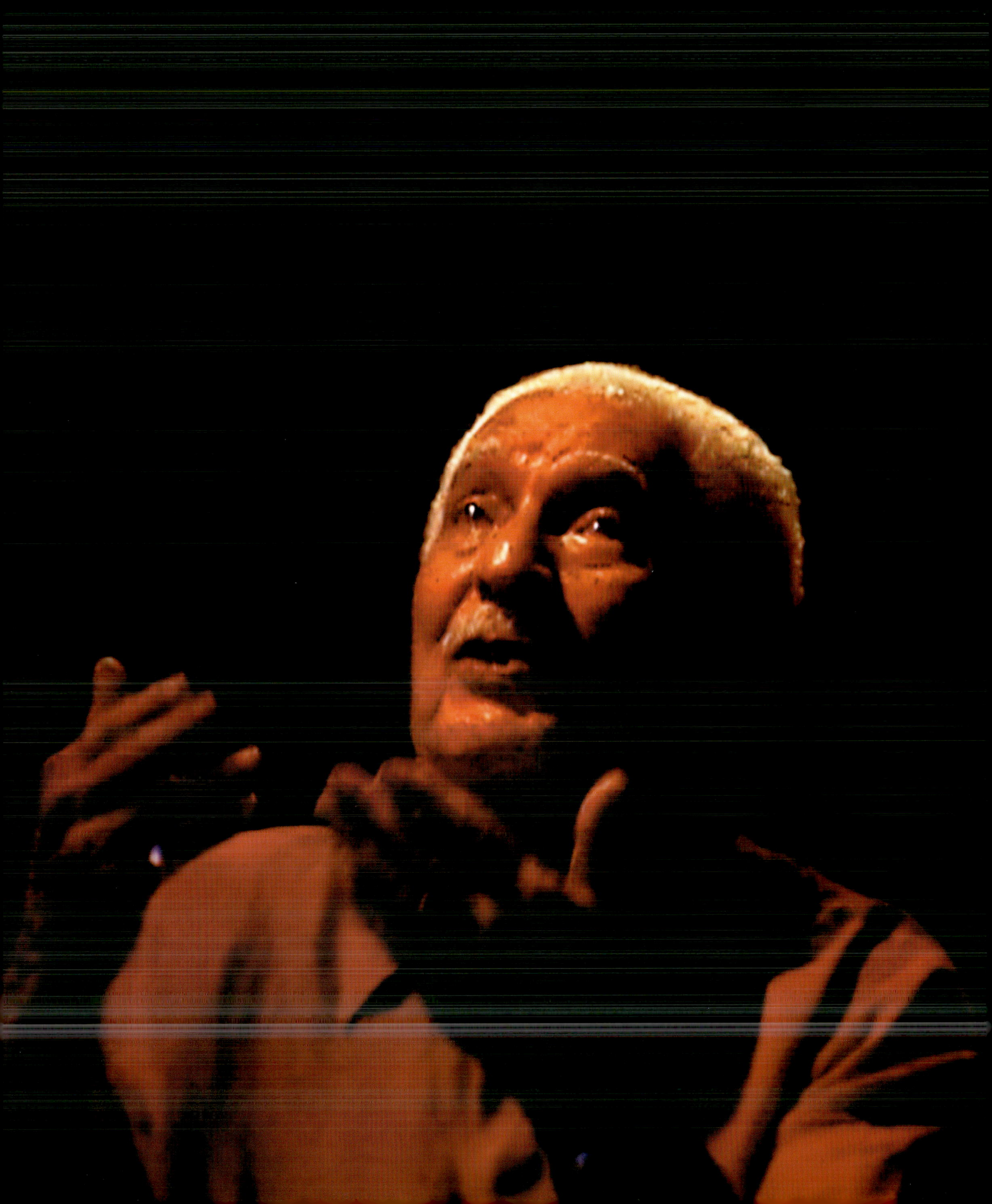

BATICUM

Ronald Kapaz
Festa de Rua

Festa de Rua
(Dorival Caymmi)

Cem barquinhos brancos
Nas ondas do mar
Uma galeota
A Jesus levar

Meu Senhor dos Navegantes venha me valer
Meu Senhor dos Navegantes venha me valer

A Conceição da Praia
Está embandeirada
De tudo quanto é canto
Muita gente vem
De toda a parte vem um baticum de samba
Batuque, capoeira e também candomblé
O sol está queimando
Mas ninguém dá fé

Tiago Santana
Tão Só

Tão Só
(Dorival Caymmi / Carlos Guinle)

Tão só
Tão só
Tão só, sem ninguém
Bem sei que na vida
De mim ninguém tem dó

Tão só
Tão só
Tão só, sem alguém
Pra eu querer bem
E não ficar tão só

Outros têm sorte e assim o destino
Ajuda em tudo e até no amor
Mas vejo, com pena
Que a mim ele nega
O mais pequeno favor

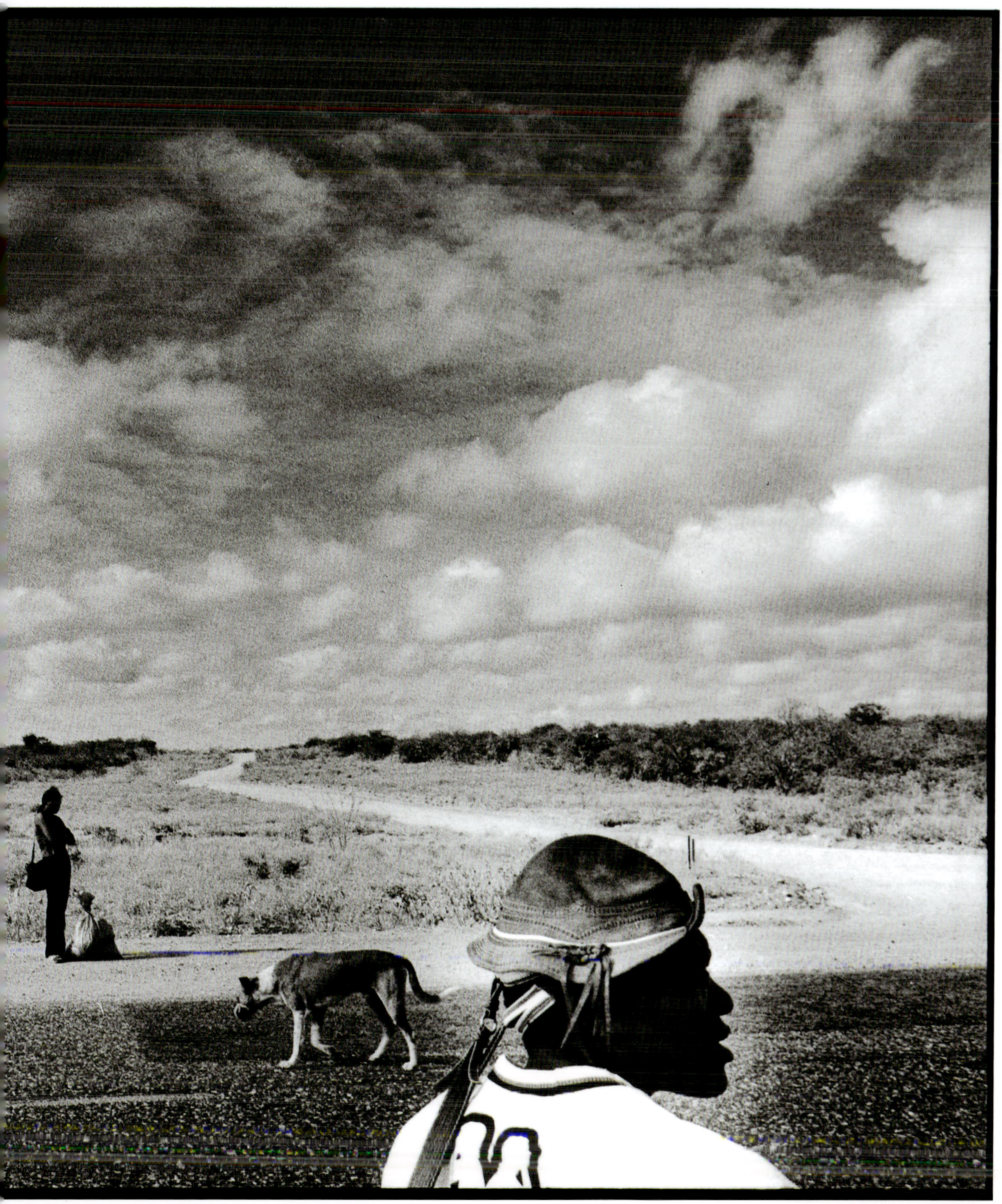

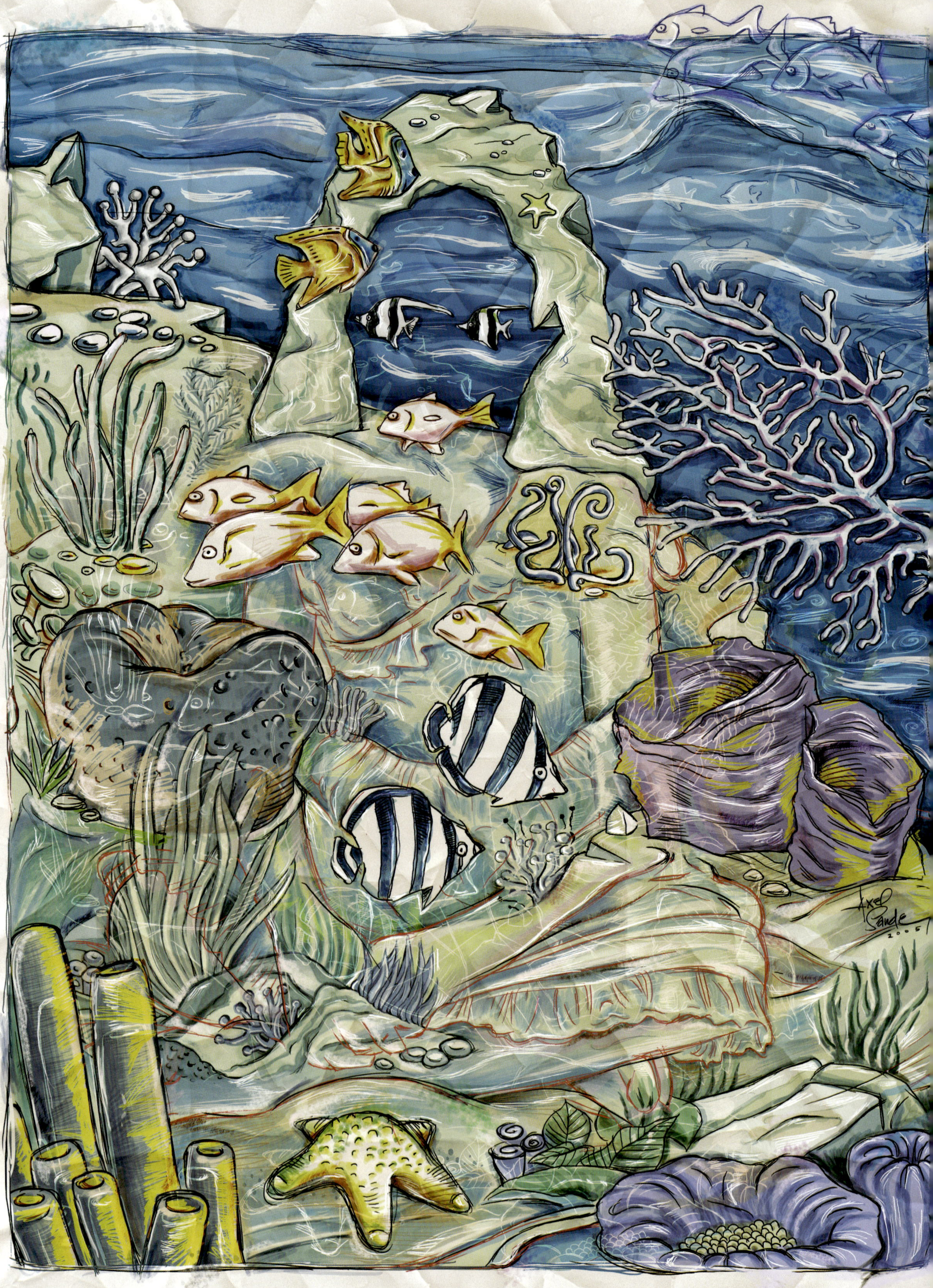
Axel Sande
2005

Axel Sande
A Mãe d'Água e a Menina

Adeus
(Dorival Caymmi)

Adeus
Vivo sempre a dizer
Adeus
Adeus
Pois não posso esquecer
Adeus
Inda me lembro de um lenço
De longe acenando pra mim
Talvez com indiferença
Sem pena de mim

Adeus
Quando olho pro mar
Adeus
Adeus
Quando vejo o luar
Adeus
Tudo o que é belo na vida
Recorda o amor que eu perdi
Tudo recorda uma vida feliz
Que eu vivi

Ai, adeus
Ai, adeus
Palavra triste que recorda uma ilusão
Uma tristeza guardo em meu coração
E a saudade pra martirizar
No meu peito já veio morar
Só pra me ver chorar

A Mãe d'Água e a Menina
(Dorival Caymmi)

Estou cansado de andar na areia
Estou cansado de na areia andar
Procurando eu mais sinhazinha
A meninazinha que sumiu no mar

A Mãe d'Água levou a menina
Levou, levou, levou

Estou cansado, eu mais sinhazinha
De andar na areia, de na areia andar
De repente nós vimos a menina
Toda enfeitadinha no mesmo lugar

A Mãe d'Água voltou com a menina
Voltou, voltou, voltou

Axel Sande (página anterior)

Iran do Espírito Santo
Adeus

Rafic Farah
Doralice

Doralice
(Dorival Caymmi / Antonio Almeida)

Doralice, eu bem que te disse
Amar é tolice
É bobagem, ilusão
Eu prefiro viver tão sozinho
Ao som do lamento do meu violão

Doralice, eu bem que te disse
Olha essa embrulhada
Em que vou me meter
Agora, amor
Doralice, meu bem
Como é que nós vamos fazer?

Um belo dia, você me surgiu
Eu quis fugir mas você insistiu
Alguma coisa bem que andava me avisando
Até parece que eu estava adivinhando
Eu bem que não queria me casar contigo
Eu bem que não queria enfrentar este perigo, Doralice
Agora você tem que me dizer
Como é que nós vamos fazer?

modelo Danielle de Souza Pascoal

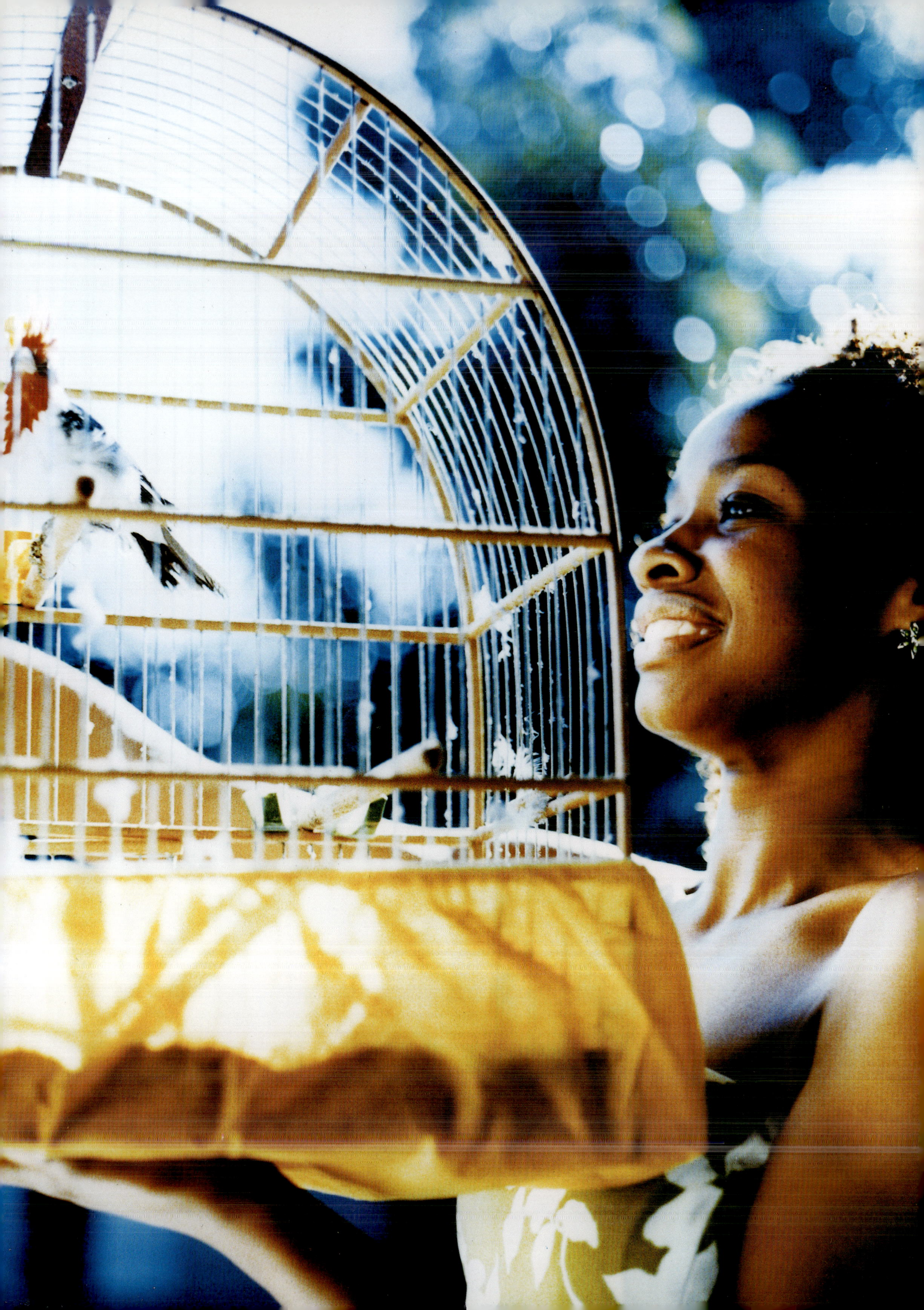

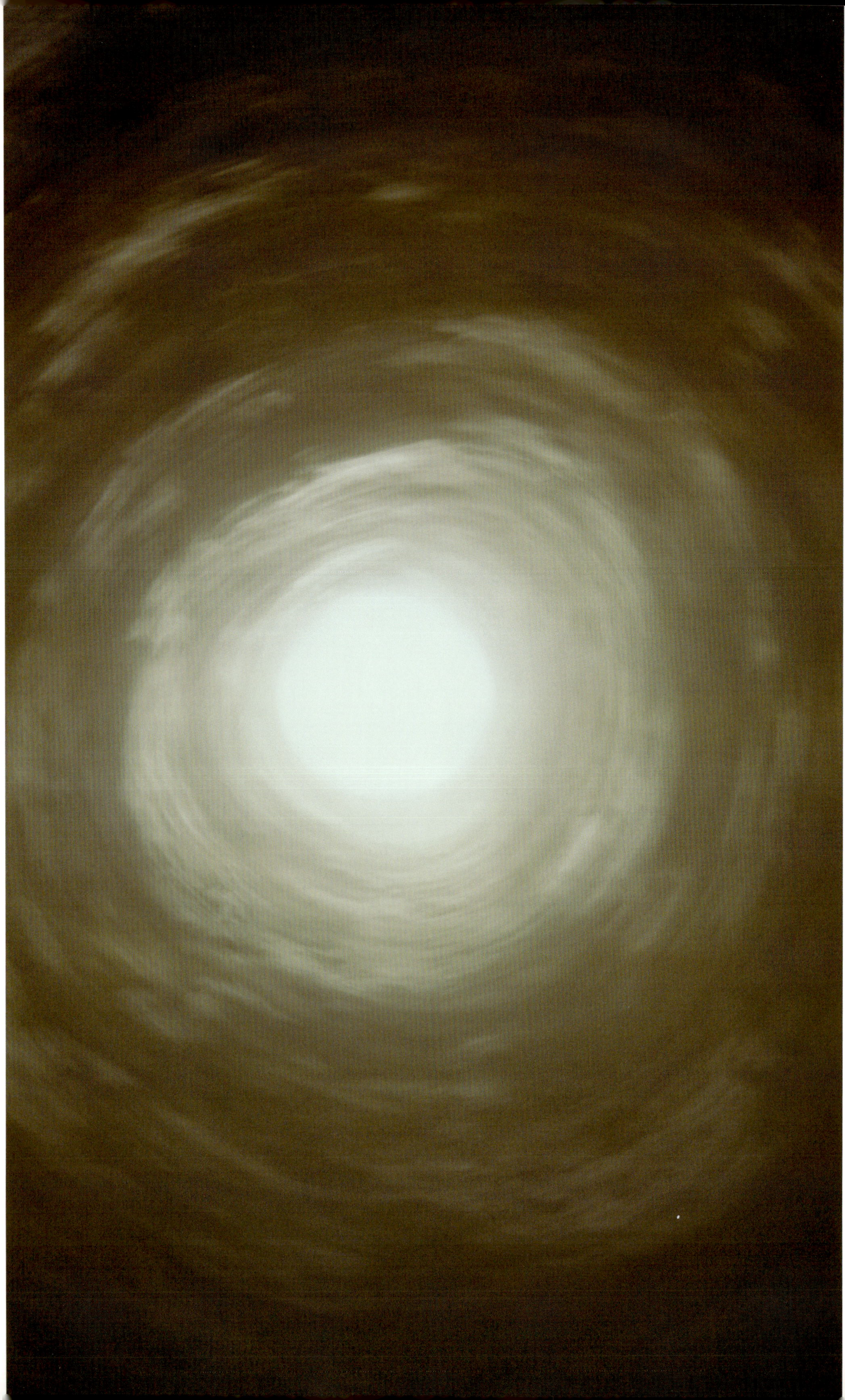

Lucia Koch
Sargaço Mar

Sargaço Mar
(Dorival Caymmi)

Quando se for
Esse fim de som
Doida canção
Que não fui eu que fiz
Verde luz, verde cor
De arrebentação
Sargaço mar, sargaço ar
Deusa de amor, deusa do mar
Vou me atirar, beber o mar
Alucinado, desesperar
Querer morrer para viver
Com Iemanjá

Iemanjá, odoiá
Iemanjá, odoiá
Iemanjá, odoiá

agradecimentos Galeria Casa Triângulo

Jair de Souza (página seguinte)

Pescaria (Canoeiro)
(Dorival Caymmi)

Ô, canoeiro
Bota a rede
Bota a rede no mar
Ô, canoeiro
Bota a rede no mar

Cerca o peixe
Bate o remo
Puxa a corda
Colhe a rede
Ô, canoeiro
Puxa a rede do mar

Vai ter presente pra Chiquinha
E ter presente pra Iaiá
Ô, canoeiro
Puxa a rede do mar

Louvado seja Deus, ó meu pai

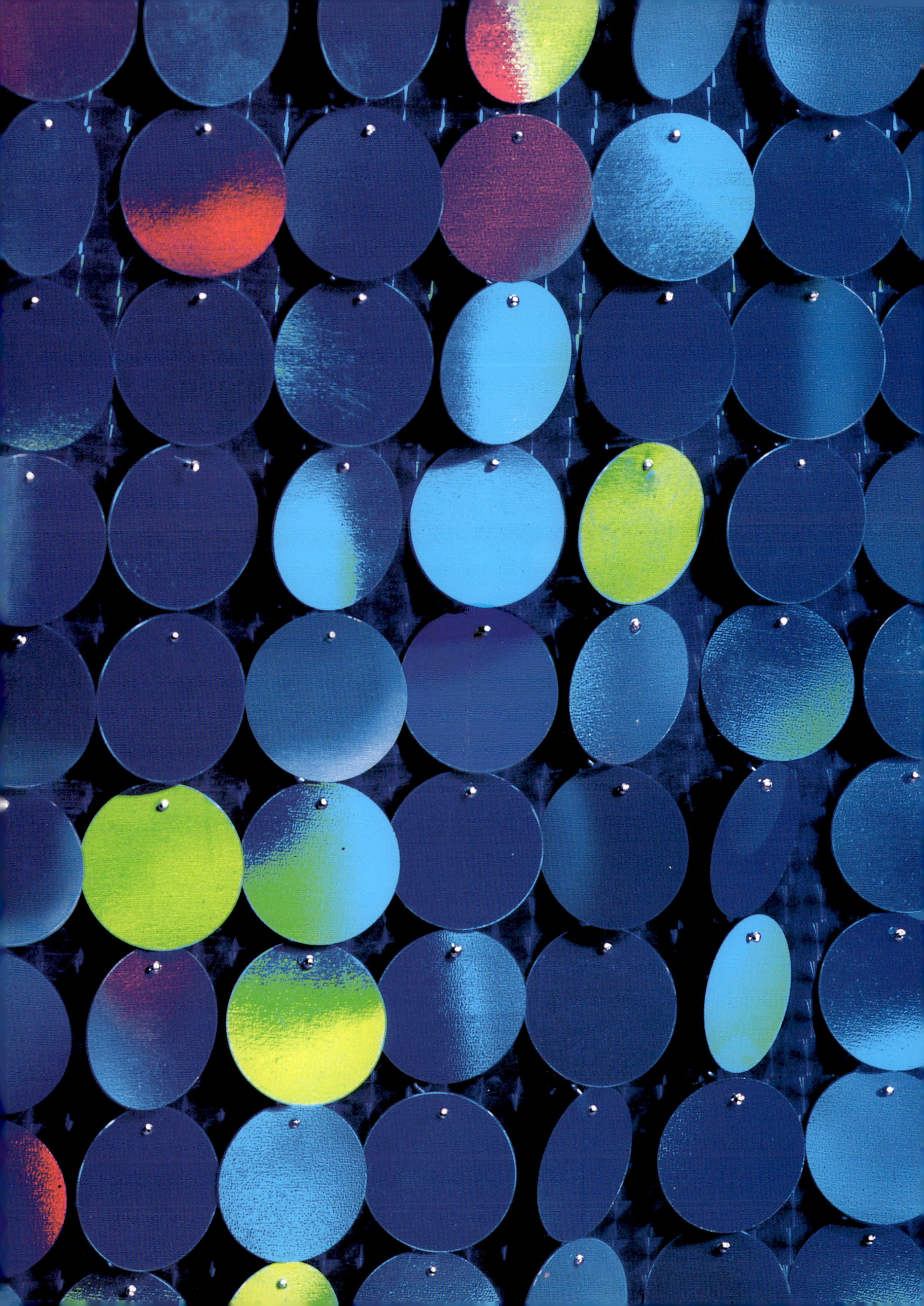

Jair de Souza
Pescar'a (Canoeiro)

Alexandre Sant'Anna
Temporal

Temporal
(Dorival Caymmi)

Pedro!
Chico!
Lino!
Zeca!

Cadê vocês?
Oh, Mãe de Deus!

Eu bem que disse a José:
Não vá, José
Não vá, José
Meu Deus!

Com um tempo desse não se sai
Quem vai pro mar
Quem vai pro mar
Não vem!

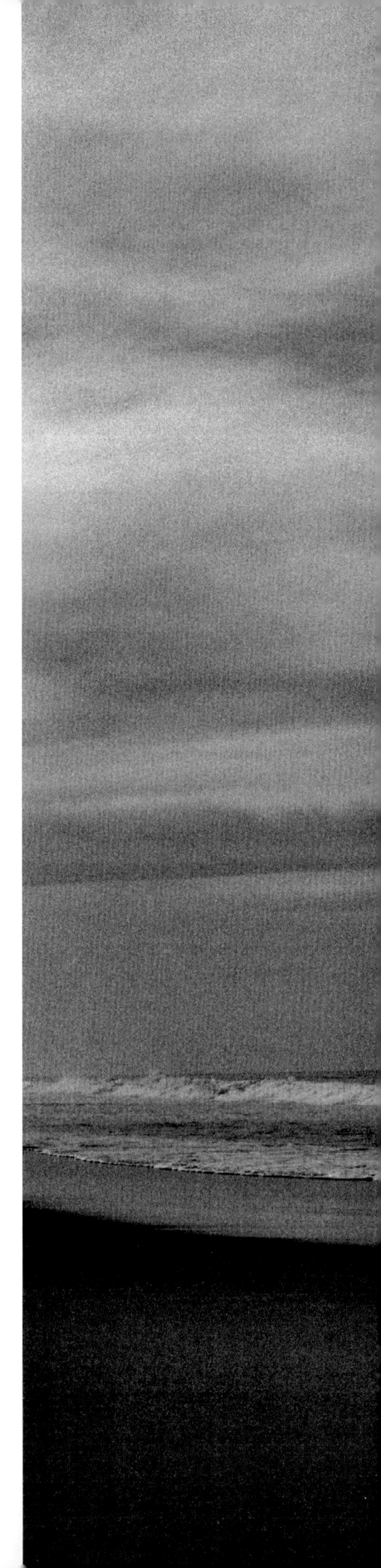

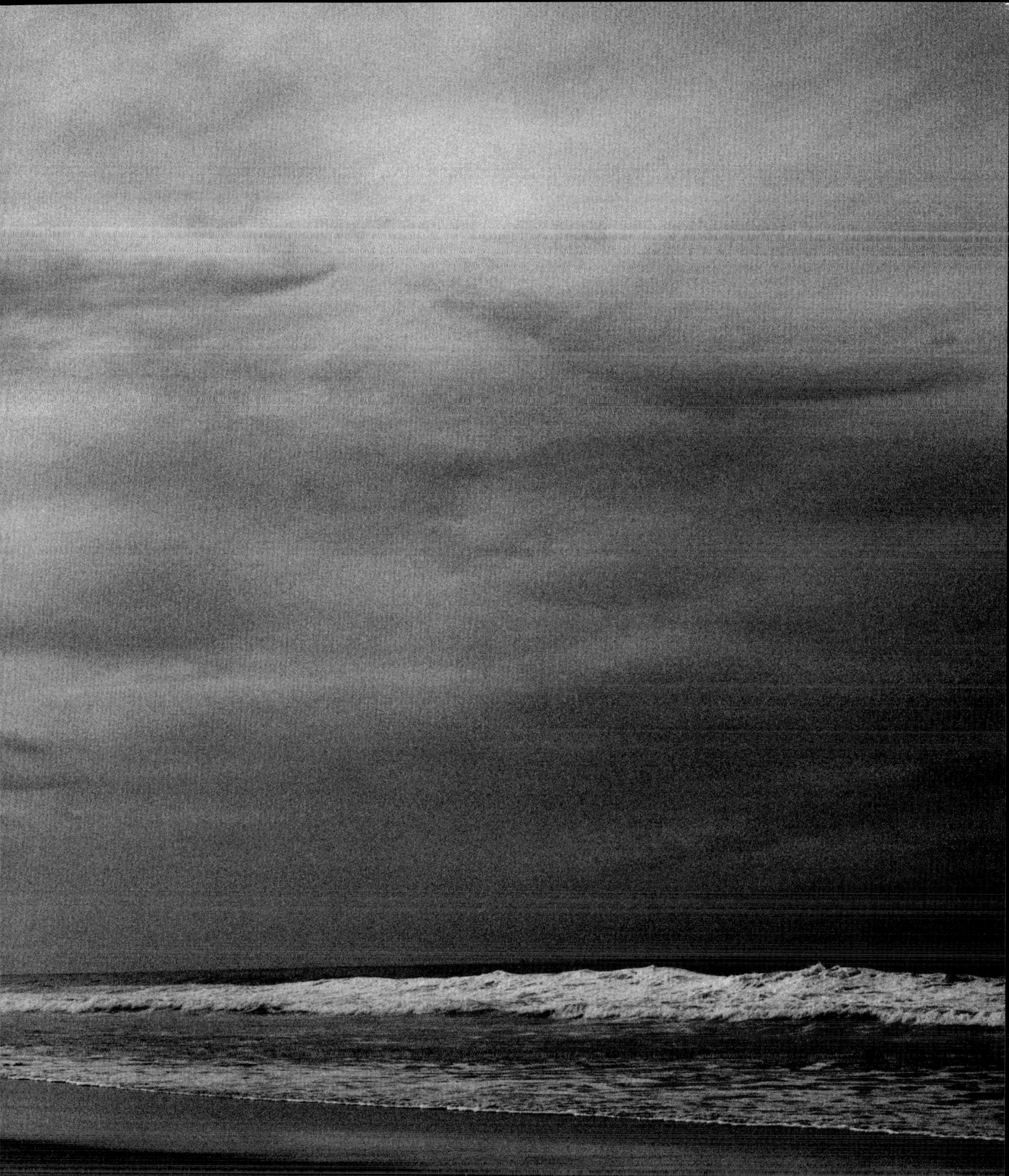

Lá Vem a Baiana (1947)
Copyright Editora Nossa Terra . Todos os direitos reservados . Reproduzida sob permissão

Caminhos do Mar (2000)
Copyright Editora BMG Publishing . Todos os direitos reservados . Reproduzida sob permissão

Balada do Rei das Sereias (1987)
Copyright Editora Dorival Caymmi e Editora SBAT . Todos os direitos reservados . Reproduzida sob permissão

Modinha Para Tereza Batista (1992)
Copyright Editora Dorival Caymmi e Jorge Amado . Todos os direitos reservados . Reproduzida sob permissão

Anjo da Noite (1968) / Mãe Stella (1994) / Retirantes (1975)
Copyright Editora Copyright e Editora Dorival Caymmi . Todos os direitos reservados . Reproduzidas sob permissão

A Lenda do Abaeté (1953) / Nem Eu (1951) / Noite de Temporal (1954) / Nunca Mais (1953) / Sábado em Copacabana (1951) / Tão Só (1953) / Você Não Sabe Amar (1956)
Copyright Editora Vitale . Todos os direitos reservados . Reproduzidas sob permissão

Acalanto (1958) / Dois de Fevereiro (1958) / Doralice (1945) / Eu Não Tenho Onde Morar (1961)
Fiz Uma Viagem (1957) / Maracangalha (1956) / São Salvador (1966) / Saudade da Bahia (1957) / Só Louco (1955)
Copyright Editora Euterpe . Todos os direitos reservados . Reproduzidas sob permissão

365 Igrejas (1946) / A Jangada Voltou Só (1963) / A Preta do Acarajé (1963) / A Vizinha do Lado (1946) / Acontece Que Eu Sou Baiano (1943)
Canção Antiga (1948) / Dora (1947) / É Doce Morrer No Mar (1963) / João Valentão (1947) / Marina (1947) / O Dengo Que a Nega Tem (1940)
O Mar (1940) / O Que é Que a Baiana Tem? (1939) / O Vento (1963) / Peguei Um Ita No Norte (1945) / Requebre Que Eu Dou Um Doce (1941)
Roda Pião (1963) / Rosa Morena (1963) / Saudade (1947) / Vestido de Bolero (1943) / Vatapá (1941) / Você Já Foi à Bahia? (1941)
Copyright Editora Mangione . Todos os direitos reservados . Reproduzidas sob permissão

A Mãe d´Água e a Menina (1981) / Adalgisa (1967) / Adeus (1948) / Adeus da Esposa (1956) / Cala Boca Menino (1973) / Cantiga de Noiva (1957)
Canto de Nanã (1972) / Canto de Obá (1972) / Coqueiro de Itapuã (1944) / Das Rosas (1964) / Eu Cheguei Lá (1971) / Festa de Rua (1949)
História Pro Sinhozinho (1945) / Horas (1975) / Itapuã (1972) / Marcha dos Pescadores (1956) / Milagre (1977) / Modinha de Gabriela (1975)
Morena do Mar (1965) / Na Cancela (1993) / O Bem do Mar (1954) / Oração da Mãe Menininha (1972) / Pescaria (Canoeiro) (1944) / Promessa de Pescador (1939)
Quem Vem Pra Beira do Mar (1954) / Rainha do Mar (1939) / Rua Deserta (1950) / Samba da Minha Terra (1940) / Santa Clara Clareou (1972) / Sargaço Mar (1985)
Temporal (1956) / Valerá a Pena? (1955) / Vamos Falar de Tereza (1992) / Velório (1956) / Vou Ver Juliana (1968)
Copyright Editora Dorival Caymmi . Todos os direitos reservados . Reproduzidas sob permissão

A IMAGEM DO SOM DE DORIVAL CAYMMI

Coordenação Geral **Felipe Taborda** e **Ana Luisa Marinho**
Coordenação de Produção **Angela Azevedo** (PB Marketing)
Produção Executiva **Luciano Costa**
Coordenação Administrativa e Incentivos Fiscais **Pedro Nin Ferreira**
Coordenação de Exposição **Alberto Seabra**
Assessoria de Imprensa **Ivone Kassu**

Projeto Gráfico **Felipe Taborda**
Designer Associada **Ana Fortes**
Designer Assistente **Lygia Santiago**
Fotos Capa e Aberturas **Arquivo O Globo** e **Luiz Garrido** (10)
Cronologia **Antonio Carlos Miguel**
Seleção das Músicas **Danilo Caymmi**
Fotolitos e Impressão **Stilgraf**
Reproduções Fotográficas **Arnold Baumgartner** (157), **Carlos Pedreañez** (76), **Cesar Duarte** (172), **Edson Kumasaka** (123),
Eduardo Camara (42), **Luiz Garrido** (146), **Lula Rodrigues** (62), **Milton Montenegro** (86),
Rodrigo Lopes (27, 29, 35, 40, 46, 72, 89, 104, 107, 117, 118, 130, 138, 140), **Romulo Fialdini** (126, 136), **Vicente de Mello** (23)

Agradecimentos
Danilo Caymmi, Stella Caymmi, Gabriel Caymmi,
Eliane Costa, Sergio Sá Leitão, Carlos Sion,
Valéria Cabral, Valeria Silveira, Joyce Cardoso, Lauro Cavalcanti,
Péricles de Barros (*in memorian*)

Exposição *A Imagem do Som de Dorival Caymmi*
Paço Imperial • Rio de Janeiro
3 de novembro de 2005 a 29 de janeiro de 2006

Editora Globo
Diretor-geral **Juan Ocerin**
Globo Publicações
Diretor de Unidade de Negócios **João J. Noro**
Gerente Editorial **Sandra R. Ferro Espilotro**
Coordenadora Editorial **Cristina Fernandes**
Assistentes Editoriais **Lilian Scutti** e **Paula Korosue**

A Imagem do som de Dorival Caymmi : volume VI /
concepção e curadoria Felipe Taborda. --
São Paulo : Globo, 2005.

80 composições de Dorival Caymmi interpretadas
por 80 artistas contemporâneos"
ISBN 85-250-4083-5

1. Caymmi, Dorival, 1914- 2. Música popular -
Brasil I. Taborda, Felipe.

05-7208   CDD-781.630981

Índice por Músicas

- **365 Igrejas** *Anna Letycia* · 46
- **A Jangada Voltou Só** *Guita Charifker* · 59
- **A Lenda do Abaeté** *Sergio Liuzzi* · 146
- **A Mãe d'Água e a Menina** *Axel Sande* · 166
- **A Preta do Acarajé** *Cristina Salgado* · 28
- **A Vizinha do Lado** *Mario Cravo Jr* · 105
- **Acalanto** *Rodrigo Lopes* · 93
- **Acontece Que Eu Sou Baiano** *Luiz Aquila* · 88
- **Adalgisa** *Ana Soter* · 77
- **Adeus** *Iran do Espírito Santo* · 166
- **Adeus da Esposa** *Brígida Baltar* · 134
- **Anjo da Noite** *Marcello Grassmann* · 26
- **Balada do Rei das Sereias** *Ernesto Neto* · 22
- **Cala Boca Menino** *Luiz Stein* · 32
- **Caminhos do Mar** *Adão Iturrusgarai* · 132
- **Canção Antiga** *Regina Vater* · 65
- **Cantiga de Noiva** *Rafael Garcia* · 90
- **Canto de Nanã** *Antonio Bernardo* · 118
- **Canto de Obá** *Jorge Fonseca* · 141
- **Coqueiro de Itapuã** *Dora Longo Bahia* · 18
- **Das Rosas** *Zeca Fonseca* · 102
- **Dois de Fevereiro** *Maria do Carmo Secco* · 34
- **Dora** *Andrucha Waddington* · 106
- **Doralice** *Rafic Farah* · 168
- **É Doce Morrer No Mar** *Paulo Marcos* · 60
- **Eu Cheguei Lá** *Luiz Ernesto* · 100
- **Eu Não Tenho Onde Morar** *Alessandra Migani* · 65
- **Festa de Rua** *Ronald Kapaz* · 161
- **Fiz Uma Viagem** *Guilherme Zamoner* · 94
- **História Pro Sinhozinho** *Lena Bergstein* · 131
- **Horas** *Iole de Freitas* · 38
- **Itapuã** *Arthur Luiz Piza* · 21
- **João Valentão** *Tuca Reinés* · 80
- **Lá Vem a Baiana** *Cristina Portella* · 53
- **Mãe Stella** *Ana Laet* · 88
- **Maracangalha** *Speto* · 74
- **Marcha dos Pescadores** *Luiz Braga* · 45
- **Marina** *Antonio Manuel* · 62
- **Milagre** *Elizabeth Tognato* · 121
- **Modinha de Gabriela** *Guto Nóbrega* · 116
- **Modinha Para Tereza Batista** *Lan* · 152
- **Morena do Mar** *Rosa Magalhães* · 73
- **Na Cancela** *Franz Manata* · 155
- **Nem Eu** *Marcos Cardoso* · 41
- **Noite de Temporal** *Antonio Henrique Amaral* · 97
- **Nunca Mais** *Afonso Tostes* · 49
- **O Bem do Mar** *J.R. Duran* · 37
- **O Dengo Que a Nega Tem** *Regina Silveira* · 149
- **O Mar** *Eliane Duarte* · 144
- **O Que é Que a Baiana Tem?** *Demóstenes Vargas* · 156
- **O Vento** *Marcos Bonisson* · 125
- **Oração da Mãe Menininha** *José Resende* · 137
- **Peguei Um Ita No Norte** *Michel Groisman* · 82
- **Pescaria (Canoeiro)** *Jair de Souza* · 171
- **Promessa de Pescador** *Guto Lacaz* · 122
- **Quem Vem Pra Beira do Mar** *Enrica Bernardelli* · 16
- **Rainha do Mar** *J. Borges* · 56
- **Requebre Que Eu Dou Um Doce** *Nelson Felix* · 71
- **Retirantes** *Cesar G. Villela* · 41
- **Roda Pião** *Ziraldo* · 113
- **Rosa Morena** *Renato Alarcão* · 108
- **Rua Deserta** *Alex Cerveny* · 128
- **Sábado em Copacabana** *Maria Bonomi* · 77
- **Samba da Minha Terra** *Chico Bicalho* · 56
- **Santa Clara Clareou** *Chico Cunha* · 68
- **São Salvador** *Carlito Carvalhosa* · 110
- **Sargaço Mar** *Lucia Koch* · 171
- **Saudade** *João Modé* · 32
- **Saudade da Bahia** *Gianguido Bonfanti* · 113
- **Só Louco** *Gringo Cardia* · 97
- **Tão Só** *Tiago Santana* · 162
- **Temporal** *Alexandre Sant'Anna* · 174
- **Valerá a Pena?** *Walter Carvalho* · 158
- **Vamos Falar de Tereza** *Gabriel Zellmeister* · 144
- **Vatapá** *Arnaldo Antunes* · 25
- **Velório** *Mauricio Ruiz* · 50
- **Vestido de Bolero** *Vânia Mignone* · 138
- **Você Já Foi à Bahia?** *Mario Bag* · 84
- **Você Não Sabe Amar** *Rafael Jacinto* · 128
- **Vou Ver Juliana** *Daniel Klajmic* · 152

Índice por Artistas

Adão Iturrusgarai Caminhos do Mar · 133
Fotografia. 150 x 100 cm. 2005

Afonso Tostes Nunca Mais · 48
Fotografias. 50 x 33,3 cm (cada). 2005

Alessandra Migani Eu Não Tenho Onde Morar · 66
Castelo de areia. 50 x 50 x 50 cm. 2005

Alex Cerveny Rua Deserta · 126
Técnica mista (aquarela, nanquim, crayon, pérola e fio de ouro) sobre papel. 31 x 40,5 cm. 2005

Alexandre Sant'Anna Temporal · 174
Fotografia ampliada em plotter de voal. 150 x 150 cm. 2005

Ana Laet Mãe Stella · 86
Díptico (2 fotos impressas, espelho e madeira). 100 x 150 cm. 2005

Ana Soter Adalgisa · 78
Caixa de acrílico iluminada, sal grosso, fitas do Senhor do Bonfim e monóculos. 20 x 50 x 20 cm. 2005

Andrucha Waddington Dora · 107
Objeto (vidro sobre pimenta). 9 x 10,5 x 5 cm. 2005

Anna Letycia 365 Igrejas · 46
Tinta acrílica sobre tela. 66,5 x 83 cm. 2005

Antonio Bernardo Canto de Nanã · 118
Anel Noite Dia. Anel em ouro branco e amarelo 18k. ø 2,2 x 4 cm. 2005

Antonio Henrique Amaral Noite de Temporal · 96
Técnica mista sobre papel. 52 x 74,5 cm. 2005

Antonio Manuel Marina · 62
Tinta acrílica sobre papel. 100 x 70 cm. 1994-2005

Arnaldo Antunes Vatapá · 24
Fotografia em impressão digital (49 peças). 7,5 x 7,5 cm (cada). 2005

Arthur Luiz Piza Itapuã · 20
Desenho em nanquim. 16,5 x 12,5 cm. 2005

Axel Sande A Mãe d'Água e a Menina · 164
Ilustração digital. 100 x 150 cm. 2005

Brígida Baltar Adeus da Esposa · 134
Desenho. 29 x 42 cm. 2005

Carlito Carvalhosa São Salvador · 110
Pintura sobre espelho (2 peças). 110 x 160 cm (cada). 2005

Cesar G. Villela Retirantes · 40
Óleo sobre tela. 60 x 45 cm. 2005

Chico Bicalho Samba da Minha Terra · 57
Fotografia em gelatina e prata e moldura em madeira dourada. 170 x 140 cm. 2005

Chico Cunha Santa Clara Clareou · 69
Óleo sobre tela. 177 x 123 cm. 2005

Cristina Portella Lá Vem a Baiana · 52
Colagem. 95 x 75 cm. 2005

Cristina Salgado A Preta do Acarajé · 29
Técnica mista (carpete e parafuso). 86 x 43 x 20 cm. 2005

Daniel Klajmic Vou Ver Juliana · 150
Lixão. Fotografia. 100 x 150 cm. 2005

Demóstenes Vargas O Que é Que a Baiana Tem? · 157
Bordado com pontos variados. 150 x 150 cm. 2005

Dora Longo Bahia Coqueiro de Itapuã · 18
Tinta acrílica aplicada sobre madeira. 60 x 90 cm. 2005

Eliane Duarte O Mar · 142
Técnica mista (estrelas do mar e fitas do Senhor do Bonfim). aprox. 50 x 55 cm. 2005

Elizabeth Tognato Milagre · 120
Aquarela sobre papel. 56,5 x 75 cm. 2005

Enrica Bernardelli Quem Vem Pra Beira do Mar · 17
Fotografia. 100 x 73,5 cm. 2005

Ernesto Neto Balada do Rei das Sereias · 23
A Sereia do Rei. Técnica mista (vidro, água, poliestireno, miçangas e meia de poliamida). 40 x ø 20 cm. 2005

Franz Manata Na Cancela · 154
Paisagem (Na Cancela). Fotografia em caixa para backlight. 10 x 70 cm. 2000-2005

Gabriel Zellmeister Vamos Falar de Tereza · 145
Impressão digital em adesivo opaco (InkJet) aplicada sobre MDF. 204 x 78 x 2 cm. 2005

Gianguido Bonfanti Saudade da Bahia · 114
Nanquim sobre papel. 57 x 77 cm. 2005

Gringo Cardia Só Louco · 98
Instalação a partir de foto-montagem impressa sobre acetato. 190 x 250 cm (4 painéis). 2005

Guilherme Zamoner Fiz Uma Viagem · 95
Plotter. 200 x 90 cm. 2005

Guita Charifker A Jangada Voltou Só · 58
Aquarela. 57 x 77 cm. 2005

Guto Lacaz Promessa de Pescador · 123
Ferro soldado com pintura esmalte sintética. 23 x 10 x 9 cm. 2005

Guto Nóbrega Modinha de Gabriela · 117
Cerâmica a frio, cravo, canela e madeira. 50 x 25 x 25 cm. 2005

Iole de Freitas Horas · 39
Sombras. Policarbonato e impressão serigráfica. aprox. 55 x 35 x 10 cm. 2005

Iran do Espírito Santo Adeus · 167
Trafic (Adeus). Granito. 40 x 40 x 2 cm. 2005

J. Borges Rainha do Mar · 54
Rainha do Mar Iemanjá. Xilogravura. 28 x 43 cm. 2005

J.R. Duran O Bem do Mar · 36
Fotografia. 25,3 x 20,5 cm. 2005

Jair de Souza Pescaria (Canoeiro) · 172
Canutilhos, lantejoulas e alfinetes. 75 x 180 cm. 2005

João Modé Saudade · 30
Vídeo. Duração: 4" em loop. 2005

Jorge Fonseca Canto de Obá · 140
Changô. Bordados. 80 x 80 cm. 2005

José Resende Oração da Mãe Menininha · 136
Oferenda à Mãe Menininha de Cuymmi. Veludo, vinal de nylon, parafina e cabo de aço inox. 70 x 40 x 30 cm. 2005

Lan Modinha Para Tereza Batista · 153
Pastel sobre papel. 54,5 x 31,8 cm. 2005

Lena Bergstein História Pro Sinhozinho · 130
Contos Africanos, Reino de Kossó, Nigéria. Costuras, oxidação e acrílico sobre tela. 166 x 160 cm. 2005

Lucia Koch Sargaço Mar · 170
Fundo. Fotografia 3D (lambda sobre papel fotográfico). 100 x 67 cm. 2001-2005

Luiz Aquila Acontece Que Eu Sou Baiano · 89
A Pintura e sua Quebra. Tinta acrílica sobre tela. 170 x 100 cm. 2005

Luiz Braga Marchu dos Pescadores · 44
Yone e o Peixe. Fotografia em cromo processada em C-41, em papel fotográfico sobre PVC. 70 x 70 cm. 2005

Luiz Ernesto Eu Cheguei Lá · 101
Esquecimento. Impressão digital. 100 x 70 cm. 2005

Luiz Stein Cala Boca Menino · 33
Plotagem em tela. 116 x 89 cm. 2005

Marcello Grassmann Anjo da Noite · 27
Sanguínea e carvão conté sobre papel. 50 x 35 cm. 2005

Marcos Bonisson O Vento · 124
Fotografia. 100 x 100 cm. 2005

Marcos Cardoso Nem Eu · 42
Amor Viciado. Pontas de cigarro sobre isopor. 50 x 90 cm. 2005

Maria Bonomi Sábado em Copacabana · 76
Xilografia (2 matrizes / 3 cores / papel Nepal / impressão manual) 1/1. 300 x 150 cm. 2005

Maria do Carmo Secco Dois de Fevereiro · 35
Objeto (madeira, vidro, areia e flores). 50 x 80 cm. 2005

Mario Bag Você Já Foi à Bahia? · 84
Desenho digital. 92 x 78,5 cm. 2005

Mario Cravo Jr A Vizinha do Lado · 104
Figura Feminina II. Acrílica sobre eucatex. 60 x 71 cm. 1989-2005

Mauricio Ruiz Velório · 51
Objetos (porta-retratos). 18 x 17 x 35 cm. 2005

Michel Groisman Peguei Um Ita No Norte · 82
Vídeo. Duração: variável em loop. 2005

Nelson Felix Requebre Que Eu Dou Um Doce · 70
Fotografias. 20 x 20 cm (cada). 1998-2005

Paulo Marcos É Doce Morrer No Mar · 60
Fotografia. 150 x 150 cm. 2005

Rafael Garcia Cantiga de Noiva · 90
Serigrafia. 40 x 120 cm. 2005

Rafael Jacinto Você Não Sabe Amar · 129
Fotografia. 180 x 100 cm. 2005

Rafic Farah Doralice · 168
Fotografia. 40 x 40 cm. 2005

Regina Silveira O Dengo Que a Nega Tem · 148
Quebra-cabeça (plotters impressos colados em peças de EVA recortadas. 30 peças). 40 x 50 cm (cada). 2005

Regina Vater Canção Antiga · 64
Impressão digital. 35,5 x 50 cm. 2005

Renato Alarcão Rosa Morena · 109
Monotipia a óleo e goauche sobre papel. 70 x 54 cm. 2005

Rodrigo Lopes Acalanto · 92
Cópia fotográfica em papel metalizado a partir de original em Polaroid 600. 123 x 127 cm. 2005

Ronald Kapaz Festa de Rua · 160
Fotografia com tratamento em Photoshop e tipografia em cerâmica. 160 x 120 cm. 2005

Rosa Magalhães Morena do Mar · 72
Técnica mista (xerox, papel, tinta invisível, madeira, tecido e vidro). 60 x 32 x 22,5 cm. 2005

Sergio Liuzzi A Lenda do Abaeté · 146
Técnica mista (caixa de vidro, areia, bacia de lata, café e foto). 60 x 100 x 100 cm. 2005

Speto Maracangalha · 75
Ilustração digital. 150 x 114,5 cm. 2005

Tiago Santana Tão Só · 162
Fotografia. 36 x 53,5 cm. 2005

Tuca Reinés João Valentão · 80
Fotografia. 40 x 60 cm. 2005

Vania Mignone Vestido de Bolero · 138
Pintura e colagem sobre papel. 11 x 100 cm. 2005

Walter Carvalho Valerá a Pena? · 159
Infografia (processo Twister). 150 x 150 cm. 2005

Zeca Fonseca Das Rosas · 102
Fotografia. 120 x 141 cm. 2005

Ziraldo Roda Pião · 112
Grafite e lápis de cor Berol sobre papel. 30 x 31 cm. 2005

Projeto A Imagem do Som
Volume I · Caetano Veloso · 1998
Volume II · Chico Buarque · 1999
Volume III · Gilberto Gil · 2000
Volume IV · Antonio Carlos Jobim · 2001
Volume V · Rock-Pop Brasileiro · 2002

www.aimagemdosom.com.br

Editora Globo
Avenida Jaguaré 1485 · Jaguaré
05346-902 São Paulo SP · Brasil
www.globolivros.com.br

Nenhuma parte deste livro pode ser reproduzida sem permissão escrita dos autores. As imagens neste livro foram reproduzidas com o conhecimento e permissão dos artistas envolvidos. Os créditos de cada trabalho contêm todas as informações fornecidas pelos artistas. Qualquer trabalho (total ou parcial) ou imagem de terceiros eventualmente incluídos nas criações apresentadas são de inteira responsabilidade dos artistas que assinam as obras, não cabendo ao curador, organizadores, patrocinadores e editora nenhuma obrigação complementar, responsabilidade por omissões de créditos ou qualquer outro aspecto de direito autoral. Todos os direitos reservados.
© **Felipe Taborda** 2005

felipe.taborda@pobox.com